境界から世界を見る

境界から世界を見る

ボーダースタディーズ入門

アレクサンダー・C. ディーナー
ジョシュア・ヘーガン
川久保文紀 訳／岩下明裕 解説

岩波書店

BORDERS: A Very Short Introduction
First Edition
by Alexander C. Diener and Joshua Hagen

Originally published in English in 2012.

This Japanese edition published 2015
by Iwanami Shoten, Publishers, Tokyo
by arrangement with Oxford University Press, Oxford.

謝辞

われわれは、オックスフォード大学出版会のすべての方々、とりわけ、ナンシー・トフとソニア・ティコに対して、本書を纏める上でのご協力に感謝したい。われわれはまた、匿名のレビューワーから寄せられた有益なコメントにもお礼を申し上げる。本書に対するアレクサンダー・ディーナーの貢献の多くは、彼がジョージ・ワシントン大学エリオット国際関係大学院のヨーロッパ・ロシア・ユーラシア研究所で、ユーラシア研究上級研究員を務めていたときになされたのである。ジョシュア・ヘーガンは、本書の執筆中、マーシャル大学とフンボルト財団より支援を受けた。最後に、われわれは、家族であるジョイ・アン・スーリニとレイチェル、サビナ、そしてオリバー・ヘーガンから受けた絶え間ないサポートに感謝したい。

日本語版への序文

ベルリンの壁の崩壊、冷戦の終焉、そしてインターネット時代の到来は、世界がボーダーレスになっていくだろうと予測させた。これまでの数々の出来事は、これらの予測があまりに単純であったことをすぐさま明らかにするだろう。実際に、最近の報道のトップ記事は、境界、とくに国境〔訳者注：「ボーダー（border）」に関する訳語については、「訳者あとがき」を参照されたい〕を絶えず引いたり、引き直したりする事例に満ち溢れている。国境は、かつての地政学が隆盛した時代のアナクロなものになってしまうというより、現在も世界中の何百万人もの人々の日常生活ばかりではなく、国際情勢を形作り続けている。

つい最近の二〇一四年夏までに、国際社会が直面したのは、西アフリカにおけるエボラ出血熱の蔓延、米墨国境を渡って北に押し寄せている中米からの同伴者のいない何万人もの子どもたち、ガザ地区でのイスラエルとパレスチナの新たな戦闘、リビアとシリアにおける宗派と部族による蛮行、おそらく親ロシア派によって行われた可能性が高いウクライナでの民間旅客機の撃墜、ウクライナ南部にあるクリミア半島のロシアへの併合である。ここでは、最も劇的な例だけを挙げたにすぎない。国境を消すように見える行為は、それを引き直そうとする動きにすぐに上書きされるのであった。

最も過激なのは、新しいジハード集団である「イスラーム国」が、シリアとイラクの境界にある砂山の丘陵地帯に引かれた国境を強引になくそうとしたことである。実際問題として、イラクとシリアの内戦は、かなりの間、実質上一体のものとして見られてきたが、そうした行為は、ムハンマド〔イスラーム教の開祖〕の死後に統治したカリフ〔ムハンマド死後のイスラーム国家・共同体の最高指導者の称号〕をモデルにした新しいイスラーム国の宣言をかなり象徴的に表していた。

こうした非日常的で、あまりに頻繁に起こっている暴力的な出来事を考えれば、なぜ世界の関心が、アジア太平洋地域における多くの領土紛争にほとんどと言っていいほど向かわなかったのか、疑問である。領土紛争の中には、何年もの間、一触即発の状態が続くものもあれば、最近になって顕在化したものもある。いずれにせよ、両者とも地域の長期的な経済発展や地政学的な安定性に脅威を与えているのである。

日本は、こうしたいくつかの紛争の中心にいる。北方領土〔ロシア名：南クリル諸島〕の領有権をめぐる日本とロシアの対立は、旧ソ連邦がその領土を奪取・占領した第二次世界大戦末期にまで遡る。日本は、その領土が日本の一部であり、一九三〇年代から一九四〇年代に占領した他の領土とは違って、他国に割譲し得ない領土であると主張してきた。幸いなことに衝突の可能性はほぼないという理由から、両国は最近、交渉する意思が大いにあることを表明した。しかし、すぐに解決される見込みはないために、日ロ関係にとっての火種になり続けるだろう。リアンクール岩礁〔日本名：竹島、韓国名：独島〕をめぐる日本と韓国の対立も同じような状況である。両国のナショナリスト集団は、この領土への自国の支配権を断続的に主張してきたし、北方領土をめぐる紛争と同じように、現状が打開される見込みはほとんどない。

尖閣諸島をめぐる日本の第三の領土紛争について言えば、状況は必ずしも明確ではない。中国もこの小さな、人の住んでいない島の領有権を主張し、釣魚島と呼んでいる。この問題は、台湾から伸びているこの領土への第三者の領有権主張によってさらに複雑化している。そして、中国が台湾を中国の一部と主張しているために、台湾それ自体が領有権問題の対象となっている。二〇一二年と二〇一三年には、領有権を争っている三つの当事者が、その地域への軍隊の配備を含め、海域や空域での一連のエスカレートした行動に加わったため、とりわけ情勢が悪化した。幸いなことに、武力衝突へと至らずに対立はやみ、状況は安定したように見える。日本は尖閣諸島に対する実効支配を行っているが、中国指導部の政策決定は依然として不透明であり、これが中国の政策の根本的転換なのか、あるいは単なる一時的な休止状態なのかは判然としないのである。

それとは対照的に、南シナ海全域での中国の行動について言えば、その行動をやめる気配はほとんどない。この海域は、小島や岩礁などから構成されるいくつかの群島によって成り立っているが、とりわけ有名なのが、近隣諸国によって激しく争われている南沙(スプラトリー)諸島である。中国は、基本的には、これらのすべての島々に中国の管轄権が及ぶと主張しているが、ブルネイ、マレーシア、台湾、ベトナム、そしてフィリピンもこの群島の一部に対する領有権を主張している。この海域は近年、軍事化がますます進んでいるが、とりわけ中国軍の攻撃的な展開によって小競り合いが断続的に起こっている。

二〇一二年に中国は、その海域を「核心的利益」と主張し、これによって、中国の領有権を断固守ると表明した。中国は、多くの岩礁などを拡張するために広範囲にわたる浚渫工事に着手したと伝えられているが、それは恒久的な人工構築物を伴うほど大規模なものであった。この海域には、航空基地や他の軍事基地もあるのではないかと疑う人もいる。さらに問題を悪化させているのは、インドとアメリカの両国が航行の自由と商業利益を守りたいために、その地域において活動を活発化させてきていることがある。

前述した個々の領有権紛争は独自の文脈の中で明らかになってきたが、二一世紀の国境に関係するいくつかのテーマ的な類似性がある。第一に、実際の領土それ自体は比較的重要ではないということである。その領土の実際の価値は、国際法の下で、その周辺海域をめぐる支配権を主張している所有者の能力にある。その意味において、この領有権紛争は、漁業権、航行に対するコントロール、そしてとくに石油や天然ガスの鉱脈などの海底資源を開発する可能性により関連している。第二に、この領有権紛争は、すべての当事者から発せられるナショナリスト的な主張に起因する感情的な対立となってきたということである。

こうした熱狂に満ちた感情は、世論に火をつけ、交渉を阻害し、軍事的対立の可能性を高めている。実際には、こうした当事者の中からひとつでも出た判断ミスは、軍事的対立、あるいは地域紛争にさえ容易にエスカレートすることもあり得るのである。今日の地域情勢と第一次世界大戦直前のヨーロッパとの不吉な比較さえする批評家や政治家もいる。こうした展開を考えれば、アジア太平洋地域やその地域をはるかに越えて、われわれは、世界を形成している国境の権力と境界付けのプロセスを理解することがこれまで以上に重要になっているのである。

二〇一四年九月

アレクサンダー・C・ディーナー
ジョシュア・ヘーガン

目次

図版一覧

第1章
世界は境界だらけ

われわれは、境界だらけの世界に生きている。日々のニュースは、地球の表面に縦横に引かれた政治的、文化的、および経済的な境界に関する論争で満たされているのである。境界は、安全保障、移民、貿易、および天然資源をめぐる現在の国際紛争にとって中心的な特徴となっている。境界に関する議論は、土地利用や所有権に関するローカルな要素もかなり含んでいる。人類が、スケールに関係なく、世界を特定の場所、領域、およびカテゴリーに分けるラインを引いてきたことは明らかである。私たち人間は、場所を作ることや、その結果としての境界付けのプロセスが自然のことのように思われる「地理的存在」なのである。しかしながら、境界とは「自然な」現象ではない。境界が世界に存在するのは、人間がそれを意味あるものと見なす範囲内においてのみである。本書では、境界、あるいは地理的な境界を、以下の方法で提起しようとする。すなわち、境界が社会的に構築される性質、および、その結果として、これらを利用し、変化させ、もしくは破棄しさえするみずからの能力を明らかにするという方法である。われわれは、境界と境界付けのプロセスの理論的かつ経験的な複雑性を探りつつ、こうした現象がみずからの日常生活に及ぼす広範囲な影響を探究する。実際のところ、大半の人々は、日常的に何百もの地理的な境界を越えているのである。その中には、所有権や政府の権限の及ぶ範囲を画定する公式な境界もあれば、社会的集団やアイディアに関するシンボル的、あるいは非公式な場所を連想する境界もある。

われわれの日常生活には、分かりやすい事例が見られる。典型的な朝の光景には、キッチンやダイニングエリアのようなより開放的な空間ばかりではなく、寝室や浴室といったアクセスが具体的に制限される空間も含まれる。通常、出張に行くには、私有地を離れ、様々な公共空間、近隣区域、あるいは自治体を通り抜けることを伴う。職場は、特定の目的(オフィス、食堂、作業場など)のために使われる空間にも分けられている。こうした様々な空間を決定する境界は、それが家族的、社会的、経済的、あるいは政治的であるかどうかを問わず、異なった方法でのアクセス、移動、および帰属という諸問題を規定する。例えば、工場のゲートは、特定の人々が進入することを制限する一方で、小売店の入り口は、誰にでも中に入ってもらいやすいように作られている。こうしたことが強調しているのは、一方ではブリッジ、ゲートウェイ、合流点としての境界、他方ではバリア、障害物、分岐点としての境界という、一見したところ矛盾する役割である。

地理的な境界は、移動することに影響を与えるばかりではなく、異なる法や社会規範の空間も決定する。このような方法で、境界は、様々な法的義務、社会的カテゴリー、および場所に応じて期待される行動を生み出し、意味付けを行うのである。われわれの身近な事例に立ち戻れば、ヘルメットあるいは聴覚の保護を必要とする職場もあれば、大きな声を出す必要もなくビジネススーツを着て働く職場もある。従業員の立ち入りを制限し、あるいは顧客に注意を喚起するサインは、空間に対する権限を示し、異なる集団を区別するのである。こうしたありふれた事例によって、空間の仕切り、支配に関するシンボリックな目印、および日常生活の社会的プロセスとしての境界のもつ多岐にわたる役割が明らかになる。こうした重要性を反映して、境界は、社会科学と人文科学をまたいだ研究の焦点のひとつになったのである。

本書では、空間を区切ることが、何千年もの間、いかに人間活動の本質的な構成要素であったのかを検証することによって、研究の焦点のひとつとしての境界の重要性を示すことになる。部族集団間の曖昧なゾーンとして始まった「辺境(フロンティア)」現象は、城郭都市間、あるいは帝国領域間で移行期にある空間をやがて含むようになっていった。一六世紀の宗教戦争はウェストファリア条約で終結することになるが、その後、ヨーロッパ全体の辺境地域は、国民国家を分け隔てる外見的には厳格なラインへと徐々に変容していった。このような政治空間を組織するモデルは、とりわけ一八世紀から一九世紀にかけてのヨーロッパによる植民地の征服を通じて、後に他の世界へと広まっていった。こうした諸国家内部における官僚的支配の営みや、時には、エスニック的、文化的、あるいは宗教的な差異が、州、郡、郡区、市、特別保留地、および他の行政区画というような空間のさらなる分割をもたらしたのである。こうした公式の政府構造に加えて、ジェンダーによって区切られた空間、暴力

図 1　2011 年頃，テキサス州エルパソ近郊の米墨国境沿いに新しいフェンスを取り付ける労働者たち

団の縄張り、ゲーテッド・コミュニティ〔ゲートや塀を設置した防犯性を高めた住宅地〕、およびエスニック集団の居住地域といった、無数の非公式の社会的な境界も空間的に表されるのである。こうしたものすべてが、他の政治的・社会的空間とは区別される何らかのタイプの公式、あるいは非公式な境界を有している。

結局のところ、世界には、自然の中に存在し、時代を超えて引き継がれてきたようにしばしば思われている様々な地理的な境界が縦横に引かれるようになったのである。しかし、現実はより複雑である。空間を区切ることは、人間の社会組織に共通に見られるかもしれないが、厳密に言えば、境界とは、それ自体が自然な現象ではない。言い換えれば、人間は、空間的組織を作る傾向をもつ地理的な存在であるかもしれないが、われわれがどのように領域を構築し、また何の目的のためにそれを行ったのかについては、時間とともに変化する政治的、社会的、および経済的文脈を反映しながらかなり劇的に変わってきた。区切られた空間の理論的基礎は、広範な研究上の見取り図を含んでいる。こうした非常に成長しつつあるフィールドの全体像を本書でカバーすることはおそらくできないが、境界の歴史に関する幅広い検証と現代における境界研究によって、研究者、学生、および一般読者の意識が大いに喚起され、こうしたテーマに関する研究がさらに推し進められることを期待している。

領域・主権・境界

地理的な境界の主要な機能は、場所を作り出し、それらに差異を与えることである。言い換えれば、境界は、ある地理的な空間の社会的、政治的、経済的、もしくは文化的な意味を、別の空間のそれらと分離するのである。世界は、様々な地理的な境界に満ちているが、境界の制度的現象は、一般的には領域という概念と最も結び付いている。フランス語、スペイン語、およびイタリア語といった多くの言語において、領域という用語は、「場所」、もしくは「空間」と同義である。しかしながら、英語の場合、「領域」の社会科学的な用語法は、一般的に国家(もしくは州)の管轄区域を指す。本書では、領域を、人々の動きを規制し、一定の行動規範を生み出すことを目的とした地理的なエリアと定義する。領域を作り出すプロセスは、領域性に関する何らかの様式を必要とする。

領域性とは、人間が個別に、あるいは何らかの社会的、政治的な実体を通じて、地理的な空間を作り出し、伝達し、支配する手段のことである。領域性の様式は、時空を超えて著しく変化してきたが、そのことが、多様な形で境界を引くことにつながってきたのである。これらは、恒久的な標識の設置から断続的な儀式のパフォーマンス、および明確なラインによる正確な境界画定から、過渡期にあるゾーンに関する広範な定義に至るまで様々である。それゆえに、領域性と境界を引くことは、絶えず続いていくものでも、一貫したものでもなく、むしろかなり偶発的で適応性のあるものである。領域性が生じる根本的な原因は、歴史の記録を通じて広まってはいるが、研究者たちによって長く議論されてきた。領域性はアプリオリな本能から生じると信じて疑わない社会生物学や原初的アプローチを好む研究者もいる。こうした考え方においては、社会集団は、生存のために必要な資源を確保するための領域的支配を本能的に追求する。これが示唆していることは、集団が領域を支配し、資源を確保し、対立集団を寄せつけないようにするときに、人間は、永続的な「適者生存」競争の影響を受けやすくなるということである。そうした見方は、かなり問題を孕んでいる。例えば、動物は、狩りの範囲の境界を定める際に領域性を誇示するが、人間の場合には、領域性を単なる本能と関連付けてしまうと、より複雑なプロセスを反射的な行為へと、あまりに単純化することになる。人間が場所を作る行為と領域性は、二つの点で動物のそれとは異なっている。

第一に、領域的支配は、人間が政治権力を打ち立てる唯一の手段ではないし、これまでもそうではなかった。脱領域化した「権威」（権力の合法的行使）の無数の形態は、歴史を通じて存在してきたし、今日も存在し続けている。現代における事例は、環境保護、人権、およびフェミニズムに関する非政府組織ばかりではなく、様々な宗教・社会運動も含んでいるが、それらは、みずからのイデオロギーを普遍的であると広め、空間、階級、および様々なアイデンティティの形態に対して支配権を主張する。マイクロプロセッサ製造の巨大企業であるインテルのように、世界的な影響力をもつ特定のビジネスは、脱領域化した権威の一形態と考えられる。というのも、こうしたテクノロジーは、明らかに領域的な境界を越えるからである。

人間の領域性という観念が動物のそれと異なる第二の点は、人間の領域性の進化に関係している。動物とは違い、人類がもつ空間的思考は、時間の経過とともに、かなり異なる方法で現れてきた。例えば、辺境、すなわち法の支配が限定されたゾーンは、かつての世界ではよく見られたことであったが、今日では、それはかなり珍しく、かつ稀である。そしてまた、共同体の中には、土地の「所有権」という概念を発展させなかったものもある。こうした共同体において、所有権は他の共同体による強制を通じてのみ定着した。このように領域性という観念は双方の集団に存在していたが、かなり異なる方法で現れたのは明らかである。

人類の空間的思考の進化を考えることは、領域性が生じる原因に関する他の諸理論の触媒となってきた。研究者の中には、原初主義者（民族性や言語などには歴史的に継承された固有性や普遍性があると主張する人々）の環境上の決定主義的な考え方を受け入れない構築主義アプローチを好む者もいる。構築主義者が主張するのは、領域性とは歴史的な文脈、実際的な必要性、および地政学的な偶発性に起因するということである。こうした研究者は以下のことを示唆する。すなわち、「わたしたち」と「彼ら／彼女たち」、「内部者」と「外部者」、「いるのにふさわしい場所」と「いるのにふさわしくない場所」に関する決定は、われわれが人種やエスニシティのような先天的なカテゴリーとして見なしているもの、あるいは言語や宗教といった文化的特徴として一般に認めているものとは関係なく、社会システム内部、および社会システム間の不均等な権力関係を通じて形成されるということである。それゆえに、領域性は、こうした支配に関する社会メカニズムとして作用し、「彼らのもの／彼女たちのもの」に対する「われわれのもの」という定義付けに関するプロセスを促進する。集団は、領域を画定し、それを守ることによって、出入りのような領域を越えて行われる実践、および社会的階層関係やガバナンスのような領域間で行われる実践を規制するために特定の空間と資源を支配するのである。領域性とは、その起源を問わず、近代において制度化され、その帰結としての境界付けという明らかな社会的プロセスを自然なものとする効果を有していた。

領域性の現れとしての境界は、事物を特定の空間に割り当て、特定のエリアに出入りすることを規制するひとつの手段を提供している。この本質的に社会的・政治的なプロセスは、所有権、すなわち土地に関する正しい、かつ恒久的な所有という考え方に結び付いている。この何世紀かの間に、人間集団内部および人間集団間に見られるようになった劇的な権力の不均衡は、主権や管轄権という概念を生み出した。こうした概念は、歴史からすればかなり最近に生まれたものであるが、国家権力の及ぶ範囲を定め、国境を近代の国家システムの組織原理として確立する際に重要であった。

主権とは、特定の領域、およびそれに付随する住民や資源に対する至高の正当性と実効性の行使と定義される。管轄区域とは、特定の人間、集団、あるいは制度のもつ権威が法的に認識され、境界付けられたエリアを指している。それは、形態や機能において主権と類似しているが、一般的には、高位の主権的実体に内在する正当性の一部に関係している。双方とも、ガバナンスの空間性(国家、民族居住区、州、自治体など)や、そうした支配の性質を定義するために役立つ非常に複雑な概念である。支配とは、保護や安全を与えることによって、無害であったり、有益な場合もあるが、獄中にいる人間にとっての刑務所、あるいは外部にいる人々にとっての要塞のもつ性質からすれば、抑圧的あるいは暴力的である場合もある。

少なくとも、主権と管轄権は、区切られた領域において広く認められた権威の何らかの形態を意味する一方で、そうした支配によく見られる暴力的な起源を隠蔽する。そして、主権と管轄権は、他の「空間性」、すなわち空間と人間の相互作用の様式、ならびにアイデンティティが作られていくプロセスを覆い隠してしまうのである。アイデンティティは静態的ではなく、相互作用と交流の空間的パターンは流動的であるために、(「気密シール」のように)完全に密封された領域主権や管轄権など達成することは決してできないのである。有名な鉄のカーテンでさえ、完全に外部からの考え方や商品をブロックすることなどできなかった。領域主権と管轄権はそれ自体、国民に基づく領域性とともに、依然として国内および国家間の緊張や対立の原因でもあり、それらへの反応でもある。例えば、イスラエルの入植者たちは、みずからの土地であると信じる土地の領有権を主張し、国家の枢要である安全保障を高めるために、イスラエルという主権国家の領土の枠を越えて移動したのである。こうした行為は、パレスチナ人が主権を表明し、みずからの安全保障を高めるための抵抗や対抗措置を動員することへとつながる。この事例や他の多くの事例にも見られるように、国境は、変化に富むグローバルかつローカルな環境で、秩序および無秩序のダイナミクスを作り出す推進力である。

今日、これまで以上に見られているかもしれない国境を越えたプロセス、パターン、およびそれに伴う諸問題の出現は、「グローバル化」という用語によってしばしばひとつに括られるが、領域主権という確立された概念に異議を申し立てることになる。例えば、公害や気候変動から生じる環境上の影響は、区切られた空間を越えている。ある国が行っている「環境にやさしい」努力は、近隣諸国の企業の環境に無頓着な行いによって傷つけられるかもしれない。なぜならば、大気や水質は、国に関係なく等しく影響を受けるものだからである。経済やビジネスの領域では、多国籍企業が、世界に広がる商品のサプライ・チェーンを構築するにつれて、共通市場（例えば、欧州連合〔EU〕や北米自由貿易協定〔NAFTA〕）、および低い関税からますます恩恵を受けている。現在、東側と西側、そして北側と南側を結び付けている情報、イノベーション、教育のグローバルなネットワークは密接に絡まり合っているために、「持てるもの」と「持たざるもの」との間に存在する格差は、目を背けることができないほど顕著な事実になってきているのである。多数の超国家的組織や民間団体が、国境を越えて、こうした格差を狭めようと努力しているが、必ずしもうまくいっていない。二重、多重、あるいは変容する市民権もまた、多様な社会におけるかなり移動性の高い構成員の間でますます求められるようになっている。こうしたことは、グローバル都市を行き来する国際的なジェット族（自家用飛行機で世界中を飛び回る富裕層）、そして戦争、飢餓、環境破壊、抑圧、貧困から逃れてきた移民、どちらをも含んでいるのである。機会を求めて国境を越える多様な移民に加えて、テロリスト、海賊、そして傭兵といった国家に属さない様々な戦闘員は、非合法かつ破壊的な活動に関与するために国境を越えるのである。

すべてのこうした国境を越えた活動によって、世界中の国家は、領土に出入りする流れをうまく管理できるように、国境安全保障を向上させるように促されてきた。以下のような事例が挙げられる。アメリカは、メキシコとの国境沿いに何百マイルものフェンスを建設している。インドは、二五〇〇マイル（四〇〇〇キロメートル）に及ぶバングラデシュとの国境、および一八〇〇マイル（二九〇〇キロメートル）のパキスタンとの国境にフェンスを築いている。また、パキスタンは、アフガニスタンとの国境沿いのいくつかの場所にフェンスを建設し、地雷を埋設している。イランは、パキスタンとの国境に四三〇マイル（七〇〇キロメートル）の壁を築いている。イスラエルは、パレスチナ西岸地区の多くに四七〇マイル（七六〇キロメートル）に及ぶ分離壁を作る一方で、ガザ地区やエジプトとの国境沿いには、距離の短いフェンスを建てている。こうしたかなり一般的に知られた事例に加えて、中国、ギリ

図2　イスラエルは，パレスチナ西岸地区を封鎖するために巨大な分離壁と他の柵を建設した

シャ、クウェート、モロッコ、サウジアラビア、スペイン、タイ、ウズベキスタン、およびアラブ首長国連邦を含む他の多くの国も、フェンスを建設する新しいプロジェクトに着手したのである。要するに、二〇一一年現在、約一万二五〇〇マイル（約二万キロメートル）に及ぶ世界中の国境は、壁やフェンスによって明示されており、さらなる一万一〇〇〇マイル（約一万八〇〇〇キロメートル）では、監視テクノロジーやパトロールといった顕著な安全強化策がとられている。

こうした（国境を越える活動の促進と国境安全保障の強化という）矛盾が示唆しているのは、国境とは、領土の区切りと、人々、商品、資本、および情報の国境を越えた流れとの絶え間ない接続によって構成・維持される空間的な実践として考えられるかもしれないということである。

過去から現在に至るまで、思想家や研究者は、境界・国境や区切られた領域という概念に内在する効用、帰結、および矛盾を探究してきた。プラトン(『法律』紀元前三六〇年)やアリストテレス(『政治学』紀元前三五〇年)、そしてトーマス・ホッブズ(『リヴァイアサン』一六五一年)やアダム・スミス(『諸国民の富』一七七六年)を経て、トーマス・フリードマン(『フラット化する世界』二〇〇五年)やハーム・ドゥ・ブレイ(『場所の権力』二〇〇八年)に至る著作家によれば、地政学的なシステムが完全に閉じたり(厳格な領域主権という理想)、開いたりすることはない(グローバル化の流れによってもたらされた「地理の終焉」)という証拠が提示されている。

開放性と閉鎖性との間にあるこうした緊張関係は、哲学者が理想社会について最初に議論して以来、幾度となく明らかにされてきた。プラトンは『法律』のなかで、スパルタを政体モデルとして提示し、美徳や幸福という究極的な目的を追求することにおける「安全(security)」を強調している。その中で、海洋探検、遠方での資源探査、領域的拡大を通じた利益追求という形態をとる「機会(opportunity)」は、制限されることを良しとした。それとは対照的に、アリストテレスは、『政治学』のなかで、安全と機会のバランスを求めることによって、プラトンを批判したのである。こうした見方からすれば、孤立とは魅力に欠ける選択肢なのである。というのも、政体の維持と存続には、外部の社会政治的な実体との関わりを必要とするからである。

時間の経過とともに見られた安全と機会との間の揺れ動きは、現代世界を特徴付ける領域国家モデルを形成するために役立った。国民国家システムがウェストファリア条約を通じて主としてヨーロッパで体系化される時期までに、当該ヨーロッパ諸国は、世界の多くの陸地部分の征服を容易にする広範な技術的優位を発展させた。こうした国々は、植民地を支配する領域的拡大という方式での「機会」に焦点を当てた戦略を追求したが、結果として、征服した土地に対する厳格な主権という形態をとった「安全」を徐々に再強調するようになった。こうしたことは、相互に作用し合って増殖し合っていくという領域性のもつ傾向を反映しながら、世界中で起こった脱植民地化と国民化の双方の触媒となった先住民集団の領域的な野心へと最終的につながっていった。こうしたプロセスの結果として、世界の陸地部分は、われわれが今日擁している主権を有する国民国家へと徐々に分割されていったのである。国境は、空間を隔てるバリアや仕切りとして単に捉えられがちであるが、これらが、国境の唯一の役割ではなかったし、現在でも確かにそう言えるのである。

世界のニュースのトップ記事は、現代の国境レジームのもつ矛盾した性質を明らかに反映している。スペイン、モロッコ、アンゴラ、アルメニア、アゼルバイジャン、ウズベキスタン、キルギス共和国(クルグズスタン)という国々では、国境内部、あるいはそれを越える形での孤立した主権(「自国に入り込んだ他国の領土(enclaves)」と「他国に入り込んだ自国の領土(exclaves)」)が、個々の衝突に見られるように、そのほとんどが近年、戦争の火種になってきたのに対して、加盟国間のビザなし渡航プログラムである欧州連合のシェンゲン・レジームは、加盟国間で渡航制限を緩和し、緊密な連合に結び付いたのであった。テロリズム、麻薬取引、不法移民をめぐる懸念は、世界中での国境のコントロールを強化してきたが、多国籍企業、ツーリスト、および熟練した技術をもつ移民は、同時に、国境の透過性(border permeability)(「第4章　境界を引く」を参照)を大いに享受している。実際のところ、パスポートとビザは、人間の移動をモニタリングする精錬された手段を提供している。このように監視を重視することは、活発化する国際的な交流によって提供される機会と、さらなる安全への欲求との間でどのようにバランスをとるのかで苦心している。それはまた、観光、労働移民、環境保護、および犯罪と同じような広範な諸問題に対処するための国境を越えた協力(cross-border cooperation)の必要性を強調する。国境は二つの異なる側面を有しているために、国境安全保障や、国家の垣根を超えた実践に伴う効果的なマネジメントを追求することは、調整された二国間および/または多国間での取り組みを必要とする。道徳的かつ倫理的な緊張関係は、国家主権とグローバル化が接する部分で共振するのである。こうした共振作用は、不変的なバリアとしての国境、あるいは消え去る過去の遺物としての国境という、決まりきった国境の捉え方に疑問を投げかける。事実上、主権と権威の新しい空間が出現し、私宅に始まり国民国家に至る領域管轄権という、虚構の入れ子状になった階層関係を打ち壊すのである。

国家の境界は、様々な争点にとって重要であるが、新しい経済的、社会的、および政治的現実は、境界付けの新しい形態と、国家よりもその下位レベルで現れる別の空間的現実を生み出している。選挙区、国勢調査地域、自治体間の境界、他のあらゆる空間に関する官僚制的な分割は、社会経済的・文化的差異の非公式的な境界を伴いながら、権威と権力に関する可視化された風景をますます作り出している。こうした市民的な階層関係、およびそれらが促進する様々な空間性は、個人的・集団的アイデンティティを形成する際に重要な役割を果たす。こうした階層内部における(道のこちら側かあちら側、この地区かあの地区、この町かあの町、この地方かあの地方という)われわれの相対的な位置関係が、自意識、帰属意識、および人生の軌跡を形成しているのである。人々のもつ願望、機会、およびそれを取り巻く現実は、個々の地理的に区切られたユニット内部に張りめぐらされた多様な度合の権力によって、大きく条件付けられている。

それにもかかわらず、大半の人々は、国勢調査地域、あるいは公園の区画を見直す際には比較的気楽さを感じながらも、世界地図上の諸国家を色彩に富んだコラージュで区切られたラインには、ある種の神聖さが醸し出されていることに着目すべきである。地理的な境界の意味と永続性に関する異なった認識は、偶然に作られるものではない。国境は、あたかも幾分か高度な論理から作り出されたものであるかのように、意図的に構成され、表象されてきたのである。しかしながら、それらは、明らかに不自然に区切られた学校の区画、あるいは選挙区と同じように、自然によるものでもないし、論理的に導かれたものでもない。

河川や緯度といった外見上の客観的な基準、あるいは複雑かつ人工的に作られたかのように見える基準に基づくかどうかは別としても、(国境を含んだ)あらゆる境界は、人間のもつ偏見、信念、思い込みに従って引かれているのである。領土紛争や国境をめぐる対立が多くの場合厄介であるのは、個人あるいは集団が、それぞれの主張の正しさに格別な自信をもっているからである。あらゆる地理的な境界はそれ自体、人間の領域性に関するシンボリックな表象、および実践的な具現化と言える。こうしたことは、人類の中で初めて群れを成した集団が土地の一部を、「彼らのもの／彼女たちのもの」に対して「われわれのもの」と主張して以降、当てはまってきたのである。

ボーダースタディーズとは何か

境界《ボーダー》が人間の社会的相互作用や権力の行使にとって中心的な位置を占めることを反映して、それは多くのディシプリンを横断したホットな研究テーマになった。一九六〇年代後半以降、地理学者、社会学者、人類学者、経済学者、環境心理学者、政治学者、法律学者、および歴史学者は、境界が国際関係や国内関係においてかなり受動的な役割しか果たしてこなかったとする従前の研究状況に疑問を投げかけてきた。境界を研究する者は、人間集団を分割するラインを、紛争・対立のための単なる口実、あるいは移動への障害というよりもむしろ、より深い文脈に沿った考察に値する、多次元的な地政学の主要なプロセスとして考え始めたのである。ボーダースタディーズ、すなわち境界研究が二〇世紀の大半を通じて、相対的に軽視されてきた理由は多くあるが、最も重要なことは、国民国家システムに内在する権力と領域との間に固定的な関係があるという前提であった。

成長する境界研究のコミュニティの取り組みにもかかわらず、こうした前提は、最近になってようやく政治家、広い学者の世界、一般市民の間で疑問視されるようになった。非常に異なった様式をもつ領域的組織がほんの三世紀前に存在したということを十分に理解している者はほとんどいない。世襲の高貴な身分による君主的な支配から、選挙で選ばれた代表による民主的な政府への移行によって生じた社会政治的秩序は、都市化、産業化、および「啓蒙的価値」の普及とともに、比較的最近生じたものであり、空間的に不均等な現象なのである。それにもかかわらず、こうした一連の出来事によって、人々はみずからと、世界におけるそれぞれの場所を認識する方法に多大な影響を与えた新しい領域的前提や実践が生み出されたのである。

辺境が明確な境界に置き換えられることによって、政治地理学者が「領域の罠（territorial trap）」（米国の政治地理学者ジョン・アグニューの概念）と呼ぶものに陥り、人間のアイデンティティと大半の社会的プロセスを再構成することにつながった。この概念は、三つの相互関連する仮定から引き出されている。第一に、国家はその領域内部における権力の独占的な決定者であるということである。言い換えれば、国家は主権を付与されているのである。第二は、内政（対内問題）と外政（対外問題）は、政治的・社会的活動の異なる領域であるという仮定である。それゆえに、個々の領域は、適法性と道徳性に関する根本的に異なった基準で作用している。第三の仮定は、国家の境界が社会の境界と一致すると見なしている。言い換えれば、国家は、グローバルな空間を、個別社会に対応した国民国家の領域へときれいに分割する硬い容器として機能しているのである。

これらの仮定は、ナショナリズムという感情的な訴えと結び付きながら、権力の国家中心的な見方、およびグローバルな空間の中での権力の描写に関する歴史的な正統性や現代的な不変性という意味を伝えるために互いに強化し合ったのである。経済的・社会的な実践が一九世紀の間にますます国家と関連付けられるようになって、ビジネス、労働、政治、スポーツ、軍事、教育、および芸術は、領域の罠というプリズムを通じて考えられるようになった。こうした物事が国家との関連においてより効率的で実践的であったという考え方は、経済学、社会学、および政治学という新しい社会科学を通じて進歩し、「科学的に」支持されたのである。近代アカデミーの勃興は、国民国家に奉仕することに大いに関係していたのである。住民に対する主要な教育者的存在としての教会が退き、国民の新しい信条(例えば、ナショナリズム)に適したアイデンティティの枠組みや形成は、政府や、その下にある学校や大学が行うようになったのである。第一次世界大戦、第二次世界大戦、および冷戦に伴って生じた激しいナショナリズムは、ローカルな共同体と忠誠心が徐々に国民社会に移行していくという、社会科学者の間での一般的な合意を促した。

要するに、二〇世紀の大半を通じて、領域の罠は、地理的な境界に関する研究を、政治人類学、政治地理学、地方政治、経済学、および社会学といった下位領域に委ねたのである。それにもかかわらず、境界に関するテーマは、一九六〇－七〇年代にゆっくりと脱植民地化が開始された時期に始まり、一九八〇年代を通じたソ連邦のグローバル・パワーの弱体化に伴って時流に乗り、一九九〇年代におけるソ連邦の崩壊から生じた新しい国家群の(再)出現とともにブームになった。研究者が「機会」よりもむしろ「安全」に明白な強調を置くようになったことに疑問を投げかけたために、学術的な著作の中にこのテーマが再び見られるようになったのである。境界研究は、新自由主義的な経済思想の進展、欧州連合の統合、および二〇〇〇年代初めにおける相次ぐテロ攻撃への対応としての保護主義的なイデオロギーの復活とともに、活況を呈するようになったのである。

現代の境界・国境がもつ矛盾した、かつ論争的な性質は、一連の研究センターの設立や、境界研究者の国際的なコミュニティの成長によって示されるように、研究を進める上での格好の場を提供したのである。例として挙げられる論争的な境界・国境問題やそれに関連した争点はたくさんあるが、それらは、皮肉にも、境界・国境はその重要性が減じてきているという認識の高まりの中で今日存在しているのである。様々な国家や州の内部、および国家と州の間で一般住民がますます移動すること、地域組織や超国家的組織の発展、および国境を越えた経済活動の増大は、少なくとも、人間のアイデンティティ、国家主権、および国民経済の部分的な脱領域化の傾向を示している。地理の終焉を宣言しさえする者もいるが、それが意味しているのは、フローの世界が場所の世界を消し去りつつあり、最終的には、ひとつの同質化された、ボーダーレスな風景を生じさせるだろうということである。

しかし、大半の研究者は、地平線上にかなり異なる何かを見ている。研究者やアナリストで構成される集団は、グローバルな政治空間の主要な組織的単位としての国家に対する弔いの鐘どころか、周縁部に引かれた国境をいまだに伴っている大規模な地政学的構造へのスケールの拡大を考案する。また、他の集団は、領域的組織を、重複し、かつあまり厳格に定まっていないローカルなアイデンティティや主権概念へとスケールの縮小を想定している。こうした二つの代替的な見方は、領域性や地理的な境界を破棄するというよりも、それらの新しい機能を生じさせていると言ったほうがよい。

そうした大胆な予想に反して、グローバル化の影響は広範囲に及ぶために、人間の空間性に与える特異な効果は思いも寄らないものとなる。実際に歴史から明らかになるのは、国境の透過性や硬直性ばかりではなく、その変動と安定が交互に引き起こされるパターンである。例えば、七年戦争、ナポレオン戦争、そして世界大戦に至るヨーロッパ列強間で繰り返された対立は、現代の政治地図が形成されるときに生じたのであり、流動化と不安定性の時期を画した。しかしながら国境は、冷戦期には依然として分断的であったが、超大国の対峙を背景として静態的で固定的であるように思われた。

比喩的にも文字通りにも国境を表象する鉄のカーテンやベルリンの壁と同様に、こうした双極的な国際システムの崩壊は、かつての共産主義圏の国境の新たな不安定性から生じた。ソ連邦は、その衰退とともに、世界地図上での一五の新しい国家へと生まれ変わった。ユーゴスラヴィアとチェコスロバキアも分裂して新しい主権国家となり、望ましいかどうかは別として、このプロセスは完遂していないのかもしれない。コソボにおいてアルバニア語を話す人々は、みずからの主権国家としての地位を主張する一方で、ロシアは南オセチアとアブハジア自治共和国のグルジアからの独立を支持して、グルジアの一部を占領した。興味深いことに、中国やスペインといった様々な民族を抱えた国家が共有しているのは、不満を抱えた少数民族(中国におけるチベットやウイグル、スペインにおけるバスクやカタロニア)の民族自決運動に火を付ける恐れのある主権への新しい主張を認めることに躊躇するということである。しかしながら、帝国や、ぎこちなく結び付いた連邦国家の崩壊は、国境に関連するほんのいくつかの最近の話題を扱っているにすぎない。皮肉なことに、他の話題は、欧州連合、あるいは汎イスラーム主義に基づくある種のカリフの支配権を求めるといった、大規模な超国家的組織への諸国家の統合に及んでいる。これらの異なる事例においてでさえ、国境は消滅するのではなく、小規模あるいは大規模な領域的単位を取り囲み、それらを構成している国民国家という実体と同程度の領域性を形成し続けるのである。

こうした議論からは、統合あるいは分断のどちらかに向かう単一的な傾向はないということが明らかになる。世界では、より分断を強めている場所もあれば、より一層の統合を経験している場所もある。国境は、グローバル化という流動性の渦中にあっても、依然として重要である。なぜならば、トランスナショナリズムやトランスマイグレーションというプロセスに、「トランス(trans)」(すなわち、越えるあるいは渡る)という接頭辞が付いているのは、国境が存在するからなのである。新自由主義的な資本の流れや、空間を超えたサイバー・コミュニティの関連する性質は潜在的には変化しているが、領域性は依然として遍在しているし、すぐに消滅するはずもないのである。

それにもかかわらず、われわれは現在、人間の空間性と境界、とくに国境に関する移行期に身を置いている。国境のもつ矛盾するプロセスは、こうした進展する空間的現実に適応する課題を背負った人々の間に大いなる懸念を生み出す。政策決定者は、国境を越えた貿易と投資を促進すると同時に、9・11テロ以後の安全保障環境に対処していくことには、不安定なバランスがあり、それを追求していくことに苦慮している。人や物のより自由な流れを促進する国境を「軟化させる」あらゆる試みには、新しい形態の文書を要求し、新しい物理的バリアを建設して国境を「硬化させる」のと同じ数の試みがあるように思われる。国境の物理的な具現化へ向けたこうした動きは、サイバー空間の新しい現実とも向き合わなければならない。そうしたサイバー空間の新しい現実では、距離という摩擦を減少させることによって人間の新しい関係を円滑にする一方で、同時に対立、差別、および憎悪のためのフォーラムを提供することにもなる。領域の中に何かを入れたり、締め出したりするために国境を用いる人間の能力は、空間性がシフトする新しい時代にとって重要なのである。

本書の意義

境界は、人間活動やその組織にとって必要不可欠な構成要素である。われわれは、機会と不安の領域、接触と対立のゾーン、協力と競合の場、両義的なアイデンティティや差異に伴う攻撃的な主張が行われる場という、境界それ自体のもつ役割を深く理解せざるを得ないのである。こうした二分法的思考は、時と場所によっては、交互に生じるかもしれないが、興味深いことに、それらは同時に起こることもしばしばである。われわれは、境界が自分たちの生活を形作りながらも、同時に敵対的な差異や冷淡な無関心さを持続させない方法として折り合いをつけなければならない。そして、帰属意識とアイデンティティに触媒作用を及ぼす境界の能力をうまく活用しながら、排除や「他者」を創出する傾向を減じさせる方法を見出さなければならない。また、領域がますます移動可能性を高め、多元的な性質をもつようになってきていることを直視し、様々な社会的環境における境界の重層的役割に目を向けなければならないのである。(このようなことを踏まえると)われわれは、以下のような倫理的な問いに取り組む必要がある。すなわち、誰のために、誰によって、そして何のために境界は作られるのか?

境界は、上からと下からの双方、および国家のスケールとローカルなスケール双方からのさらなる研究が必要である。というのも、境界は、もしかするとわれわれの生活において最も明らかな政治地理的な実体であるかもしれないからである。詰まるところ、境界の生きた経験によって、境界のもつ不透明さはその透明さと同じくらい重要であるということを想起させられるのである。われわれは、役割が進化し性質も変化する境界の能力に気を配らなければならない。協力の場は、競合の場となりうるのであり、その逆もまた同様である。本書では、境界を包括的には扱ってはいない。実際のところ、そうした多様かつ複雑なテーマに関して、本書ですべて取り上げることは困難な課題である。しかし、境界は、われわれの世界を形成する重要な要素であるし、今後もそうあり続けるからこそ、本書は執筆されたのである。

第2章 古代の境界と領域

近代の政治地図は、世界中の国家やその境界が永久に変わらないという感覚を与えている。実際には、近代社会科学の主要目的のひとつは、フランス、中国、およびイランといった現代の政治的実体や、先史時代に起源をもつそれらの主権の領域に投影される歴史的系譜を構築することであった。しかし、近代の政治地図とその基底にある領域的前提は、比較的最近、発展したものである。このことは、前近代の社会や政治体から、領域性、あるいは境界という概念が欠落していたと言いたいのではない。むしろ、前近代の社会や政治体は、現代の理念や想定とは異なる方法において、こうした諸事象を捉え、社会的・政治的空間を分類する傾向があったのである。

狩猟採集民の領域性

初期の人類は、狩猟採集民として知られ、遊牧によって食糧を収集する小規模集団の中で生活していた。こうした集団の移動は、一般的に食糧や他の資源の獲得に影響を与える季節の移り変わりや、環境条件に左右されてきた。遊牧民的な生活様式を考慮すれば、こうした初期の人類は、境界、領域性、あるいは土地所有権といった概念を欠いていたのである。しかし、現代の狩猟採集民の集団に関する研究が強く示唆しているのは、こうした有史以前に生きた人間は、驚くべきことに精緻な領域的な調整能力をもっていたということである。狩猟採集民の集団は、目的もなく動き回るというよりもむしろ、比較的安定したローカルな、あるいはリージョナルな採集の範囲、すなわち、採集が行われる場のネットワークとでも呼ぶべき範囲で活動していたと予想される。こうしたネットワークは、拡張された親族関係や協力関係、宗教的信仰、および環境条件によって形成された。しかし、領域や資源にアクセスすることに関する所有権や規範という概念は、(集団によって)かなりバラつきがあった。

集団の中には、特定の狩猟エリア、および採集エリアへの排他的なアクセスを要求・維持することに莫大なエネルギーを投下した集団もあった。例えば、北アメリカ太平洋岸におけるチムシアン族、セイリッシュ族、および他の多くの集団は、資源や場所に関する所有権や、それらにアクセスすることに焦点を合わせた複雑な社会システムを発展させた。侵入者には厳罰が処せられる可能性もあったが、土地所有に関する家系は、儀礼的な祝賀を通じてその恩恵を共有することが期待された。スリランカのヴェッダ族もまた、特定の領域に目印をつけ、それを死守した。個々の集団は、それぞれの狩猟エリア内部では自給自足であるとされ、(他の集団の)そのエリアへの侵入は、ほぼいかなる状況においても厳しく禁じられたのである。明確な自然的特徴がないエリアにおいて、ヴェッダ族は、境界を引くために木の幹にシンボルを彫り刻んだ。これらと他の集団は、排他的な領域性という概念を共有していたのかもしれないが、所有権という概念は、個別の家族に求められた集団もあったのに対して、幅広い家族の血筋を共有地所有の基礎と見なした集団もあった。

そしてまた、他の狩猟採集文化の中には、社会的な凝集性や互酬性を強調することによって資源をコントロールするという、別の領域的戦略を採用したものもあった。南アフリカのクン族にとっては、自然の地形と一致することが多い採餌域を決める境界はかなり曖昧であったし、他の集団からのアクセスを拒否しようとする努力はほとんどなされなかった。実際に、資源は採集するまで所有物とは考えられなかったし、物資は、一旦集められるとすぐに等しく共有された。そうした集団は、近隣の資源にアクセスするかなりの自由をもっていたし、とりわけ、親族的紐帯をもつ集団に関してはなおさらそうであった。訪問する集団があらかじめ許可を求め、受け入れ集団と収集した資源を共有する限りにおいて、そうした訪問は日常的な出来事であり、一般的には歓迎された。逆の場合にも、同様の歓待が、見返りとして期待された。似たようなシステムは、オーストラリアにおける多くのアボリジニー族の間で共通に見られた。そこでは、緩やかな構成員資格や親族的紐帯によって、近隣の集団間での領域や資源の共有が促進されたのである。個々の集団は、特有の採集ネットワークをもっていたのかもしれないが、こうしたエリアは、排他的であるとは考えられておらず、近隣集団のそれと重なることがしばしばであった。他の場合において、アボリジニー族の範囲は、緩衝エリアによって境界付けられ、そこは何らかの集団によってまれに利用され、所有権が主張されることはどうもなかったようである。

採集集団が、人口の変化、資源の有用性、あるいは個人間の仲たがいに対応する形で収束したり、分裂したりするにつれて、すでに論じた二つの主要戦略には、多くの型や結び付きが存在した。古代の狩猟採集民の集団は、現代の集団がもっているような明確な境界をもっていなかったように思われるために、非領域的であると考えられがちであったが、こうした初期の集団はおそらく、構成員資格、領域、資源を調整する複合的な戦略を特徴としていた。それには、アニミズム的な宗教的実践、親族的な慣習、および資源の有用性に付随する排他性や互酬性という概念が混ざり合っていたのである。

古代の国家形成

紀元前一〇世紀頃には、狩猟採集民の集団は、定住化した農耕共同体へと徐々に移行していった。このいわゆる新石器革命は、より確実に豊富な食糧生産を可能にした植物栽培と動物の家畜化によって引き起こされたのである。これが最初に起こったのは、肥沃な三日月地帯として知られる現在のイラクとシリアの多くにまたがる生産に適した農業地帯であった。定住化した農耕共同体が紀元前三世紀までに、インド、中国、アフリカ、アメリカの各地域で別々に生まれたのは明らかであった。永続的な定住化に加えて、狩猟採集社会から農耕社会への移行は、文字、灌漑、建築、政府、および社会経済的な分業体制の発展に至るまで人間の歴史への広範な帰結をもたらした。こうした移行は、領域をもつ新しい政治組織の出現の前提条件を付与することにもなった。穏健な定住社会と、その土地の首領や王によって支配された後の都市国家は、とりわけ肥沃な川の流域に徐々に発展していった。

他と比較して、われわれが知っている信頼度の高い情報の中で、シュメール人は都市国家文化へと移行した初期の集団であった。紀元前四〇〇〇年頃までに、シュメール人は、チグリス・ユーフラテス川流域に何十かの重要な都市国家を築いていったのである。都市国家とは、都市部から成る中心と周辺の農耕地帯から構成される比較的小規模なエリアに囲まれた主権性を有する政治体である。シュメールの場合、個々の都市国家は独立しており、統治する王を有していたが、その王は都市のパトロンの神を表象していた。こうした都市国家は、都市の人口を維持するために周辺領域において生み出された農業の余剰生産物に依存していた。もし王が税収を増やす可能性のある都市の拡大を望んだのであれば、より多くの農耕地帯を獲得しなければならなかった。古代のシュメールにおいて、このことは一般的に、新しい土地を開拓するために灌漑用の運河を拡大することに投資し、近隣の都市国家から既存の土地を奪って単に併合することを意味した。

社会の維持に必要な農耕地の重要性を考慮すれば、シュメールの都市国家群が一見ひっきりなしに対立していたことは驚くべきことではない。(この対立の中で)幾人かのシュメールの王は、かなりの成功を収めた。しかし、こうした征服は、おそらく、あからさまな領域的併合というよりも、敗北した都市国家から納められる貢物という形に行き着くように思えた。しかし、こうした貢物という取り決めでさえ長く続くようには思えなかった。その痕跡は、石柱あるいは記念碑的な石版に見ることができ、これらは古代の支配者がその偉業を歴史に残すために建立したのである。石柱には、軍事的勝利や即位といった重要な出来事を祝うことを意味したものもあったが、領域権の主張を行い、その領域の境界を確立するためにもよく用いられた。それらの中には、内部における行政区画を決めるためのものもあったが、近隣王朝と接する外なる境界を表すものもあった。

例えば、古代エジプトにおいて、ファラオ(古代エジプト王の称号)のアクナトン(Akhenaten)は、いくつもの石柱でアマルナの新しい首都の境界を区切った。都市の境界を示すことに加えて、石柱には宗教的な献身も込められており、首都の神聖な空間を、王朝の他の場所と区別したのであった。センウセレト三世(SenusretⅢ)が、ヌビアと接するエジプト南部の境界を示すために石柱を建てたように、他のファラオも領域の外的境界を示すために石柱を用いたのである。しかし石柱は、明確に決められた単線的な境界を示そうとするものではなかった。その代わりに、石柱は、辺境の要塞内部に位置し、主権的な領域における絶対的な分断線というよりも、近隣の領域に対する一般的な権利要求を行うものであった。近代的な意味での単線的な境界は、存在していなかったのである。むしろ、こうした石柱とその近くにある像の碑文が示唆しているのは、以下のことであった。すなわち、こうした要塞は、重要な交通の回廊であったナイル川沿いの人や物の移動を官吏が規制する「検問所(checkpoints)」としてうまく機能していたということである。石柱は、中央アメリカのオルメカ文明やマヤ文明にとっても同様の機能を果たしたのである。こうした石柱は、古代文明や、その領域性および境界という概念を理解する際に重要な源であると分かってきたのである。

歴史上初期の境界をめぐる対立は、紀元前二五世紀の代表的なシュメールの都市国家であるラガシュ(Lagash)とウンマ(Umma)との間の農耕地をめぐる対立を描写したいわゆるコンドルの石碑に記録されている。コンドルの石碑と他の古代の碑文から、一般的な対立の歴史が明らかになる。シュメールの天空の神々の頂点に立つエンリル(Enlil)〔シュメールの神話の最高神〕は、当初、ラガシュとウンマとの間に境界を引いたが、二つの都市国家はその実際の位置をめぐって対立した。何らかの外部の仲裁者、あるいは神の仲介人としての役割を担った都市国家キシュの王メサリム(Mesalim)は、後に境界を調査し、みずからの決定を示す石碑を建立したのである。これにもかかわらず、ラガシュとウンマにおける後継の支配者たちは、土地や水利権をめぐって絶え間ない対立を繰り返した。結局、ウンマの支配者は石碑を撤去し、土地すべてを自分の支配下に置いたのである。何年か後に、ラガシュの王エアンナトゥム(Eannatum)は、ウンマに報復し敗北させた。エアンナトゥムは、本来の境界を示す石碑を修復し、それを示す灌漑用水路を掘った。彼はまた、ウンマに課した苛酷な平和条約の概要を示す第二の石碑を建てた。この条約は、どの領域がラガシュとウンマに属するのかを特定し、ウンマに対して、ウンマ側における境界の緩衝地帯を維持するように義務づけ、ラガシュに対する貢物を要求したのであった。ついには、エアンナトゥムは、エンリルと他の神々に対する寺院を建立することによって、境界のもつ神聖な制裁的側面を確実なものにしようとした。こうした石柱と寺院は、境界の一部を示したにすぎなかったが、境界の全体的な方向性を示す碑文を有していたのである。

都市国家は、何世紀もの間、領域的・政治的組織のひとつの顕著な形態であり続けたが、大規模かつ、より集権的な構造の形成を可能にした広範な傾向はすでに現れていた。農業生産性が向上するにつれて、都市国家は人口統計学的にも成長し、経済的にも特化することができた。そして、都市国家は、国家官僚制や常備軍の拡大を目指したのである。こうした変化によって、野心的な都市国家の指導者は、単に貢納制に基づく支払いを求めるというよりもむしろ、周辺の都市国家を征服・併合することが可能になったのである。

すでに述べた古代の肥沃な三日月地帯から、そうした初期の最も知られた例である都市国家キシュの支配者であった偉大なサルゴン大王が登場した。古代では、支配的な王朝が建てられては転覆されるということが続いたが、サルゴン大王は、直接統治という拡張的かつ集権的なシステムを創出・維持しようとした。一連の軍事的勝利の後に、サルゴン大王は、アッカド帝国を打ち建てたのである。アッカド帝国は、紀元前二四世紀と紀元前二三世紀の大半において、かつて独立していたメソポタミアの都市国家のほとんどを支配した。それはよく、世界で初めての帝国として見なされている。

帝国とは、主権性を有する政治的実体であり、世襲君主によって支配されているのが通常である。そして、それは、いくつかの異なる地域や支配民にまたがって広がり、伝統的にひとりの支配者の下で統治されてはいなかった。帝国には、効率的に支配するためのより広域的で複雑な統治構造が求められる。なぜならば、帝国は、伝統的な都市国家よりもはるかに大規模で多様性に満ちているからである。このことは、中央の権力を代表して行動する下位の支配者や行政官に、権限の委譲を行うこともしばしばであった。アッカド帝国の場合、サルゴン大王とその継承者は、首都の区域を越えた領域を統治するために、エンシ(ensi)〔シュメール都市国家の支配者の称号のひとつであり、君侯と呼ばれる〕と呼ばれる支配者を任命した。多くの場合、アッカド人は旧来の支配者をそのまま残したが、征服された都市国家は、中央の直轄とした。貢物のほかに、その他の点では、かなりの自律性を保持しているエンシは、王朝財産への直接納税制を整え、王の意思を実行するように求められたのである。

古代メソポタミアにおけるアッカド帝国とその継承者は、見かけ上は精緻な仕組みをもっていたが、脆弱であることも分かった。対内的には、地方の支配者が反逆することもしばしばであり、伝統的な都市国家の自律性を再び主張した。シュメールのエンシは、アッカドの主人たちへの反逆で悪名高かったのである。対外的には、攻撃の恐怖が、周辺の都市国家に対して、アッカドやシュメールの攻撃から守るための幅広い協力や政治権力のさらなる集中を促したのかもしれない。こうしたことは、現在のイラン南西部にいたエラム人の間でも起こっていたはずである。帝国内部の繁栄によって、アッカド帝国やその継承者は、遊牧民の集団ばかりではなく、周辺の都市国家や帝国の、より一層の魅力的な標的になった。実際に、現在のイラン北部の一部からの遊牧民であるグティ人による侵略は、結果的にアッカド王朝の終焉につながったのである。

古代メソポタミアを通じたここまでの素描は、古代世界を支配した政治領域的組織の三つの主要な様式を際立たせた。すなわち、移住する部族集団、あるいは首長制（例：グティ人）、都市国家（例：ラガシュ）、および帝国（例：アッカド）である。四つ目の可能性としては、共通の敵に立ち向かうために結束した様々な部族、あるいは都市国家を含んだ何らかの連合体があったが、その仕組みは相対的に長続きする傾向はなかった。それに引き続く世紀の間に、歴代の帝国は建設され、拡大しては崩壊したが、その中には、アッシリア帝国、ペルシャ帝国、およびローマ帝国が含まれた。ギリシャ人、フェニキア人、およびフィリシテ人の間には都市国家の文化が栄えたのである。ヒクソス、アルム、アモリといった遊牧民族および半遊牧民族は、略奪を繰り返し、時折、都市国家や帝国を征服した。こうしたことを、簡素な匪賊から中規模の都市国家、そして大規模で複雑な帝国へという、単なる進化、あるいは「スケールの拡大（scaling up）」として読み解くことに抗うことが重要である。むしろ、古代世界の政治的風景は、変化する環境条件、農業生産性、貿易ルート、軍事技術、および周辺集団からの相対的強度に対応して、様々な領域的構造の間で移り変わったのである。変化する文脈にもかかわらず、こうした個々の政治的実体は、領域、人間、および資源を支配し、利用するための何らかの戦略あるいはシステムを発展させなければならなかったのである。

遊牧民集団

古代の遊牧民集団は、先史時代の狩猟採集民に似ているように見えるが、そうした見かけだけの類似性には注意する必要がある。こうした牧畜を営む遊牧民は、半乾燥地帯の中央アジアのステップやアフリカのサヘルのように、農耕を行う上では限界のあるエリアに適した家畜飼育のシステムを発展させた。スキタイ族やフン族のような古代の集団に見られた領域的組織についてはあまり知られていないが、遊牧民的な生活様式を最近まで保持し続けているカザフ族やモンゴル族のような集団からは多くのことを推測することができる。そうした集団は、一般的に、個人が土地を所有することにも、その土地がいかなる本質的な価値をもっているとも考えなかったのであるが、家畜に依存することによって、みずからの政治的・領域的組織を形成したのである。こうした遊牧民集団間での領域にアクセスする権利は、季節放牧で家畜が移動する範囲によって左右され、一般的に特定の血縁関係あるいは氏族に属すると考えられた。

ユーラシアの苛酷な大草原は、何世紀もの間、様々な遊牧する牧畜民にとっての故郷であった。こうした中心をもたない集団は、略奪や、共有する牧草地に侵入してくる部外者を追い払うために協力することができた。結果として、こうした遊牧民は、中国、中東、ヨーロッパに広がる定住文化にとっては常に脅威であった。遊牧民は重要な貿易相手でもあり、他の遊牧民集団や定住民族に対抗して結束することもあった。遊牧民の中でも有力な部族長は、時折、近隣の遊牧民や定住集団を征服できるほどの部族連合を作ることができたのである。モンゴルの皇帝チンギス・ハン（ジンギス・カン）によって創設された帝国は、こうした遊牧民の中でも最大であり、最終的には一三世紀末までにユーラシア大陸の多くの部分を支配することになった。チンギス・ハンとその継承者は、こうした広大な領域を治めるために、より中央集権的な行政構造を発展させたのである。伝統的な土地利用の慣行は、土着の部族長の監督の下で行われたが、ハンは、モンゴルという故国を越えて地域を統括する総督(governor)を任命したのである。外部との明確な境界に代わって、モンゴル帝国は、道、中継地点、およびヤム(Yam)として知られた駅逓という拡大するネットワークを通じて、遠方に広がる行政を中心地と結び付けたのである。ヤムは、情報、貿易、および軍隊配置の動脈として機能し、東アジア、東南アジア、中央アジア、および南アジアを、後にも先にもないほどまでに結び付けたのである。

遊牧民は、明確に引かれた単線的な境界を欠いていたが、領域性という概念を保持し、その境界を利用した。壁や塀で囲まれた埋葬地は、多様な遊牧民の文化的環境の中に存在する。しかしながら、こうした集団は、大規模なスケールでは、領域性という流動的な概念を応用する傾向があった。ユーラシアにおいて移動する遊牧民の大半にとって、境界という概念は、より生態的なゾーン、あるいは単なる距離に関係していた。道具や他の物的交換(毛皮/革、工芸、織物)という考古学的な証拠が示すところによれば、青銅器時代や鉄器時代には、森、湿地、砂漠、山、および大草原の重なり合うところで、狩猟民と遊牧民との間での文化的混合が多く見られた。「シルクロード」が中央アジアの大平原を越えるずっと以前に、「毛皮の道(fur route)」は、大草原に暮らす遊牧民と離れた土地を結び付け、北部の人々を定住させたのである。遊牧民の間では、確固たる境界や所有権の直接的主張はあまり目立たないように見えるが、領域的プレゼンス、場合によってはその権威に関する顕著な標識は、ユーラシア大陸に点在する埋葬地、慰霊碑、および(鹿の石として時折知られた)バルバル(balbals)の中に見出されるかもしれない。こうしたモニュメントが果たした地政学的・社会的役割は、盛んに議論され続けている。このような集団間での政治的組織がどの程度、領域の画定を必要としたのかは、いまだに明らかではない。ただ、帝国的な国家構造の内部でも遊牧経済は成立したし、政治的階層関係が全く存在しないところでも成り立つということが分かってきた。東アフリカからモンゴルに至るまで、歴史における様々な時点で、中央の政治的権威に近づこうとしない遊牧民がいることが分かる。遊牧民が領域性という認識を欠落させていたと主張することは誤りであるが、遊牧民の領域性という概念は、定住集団のそれよりもはるかに流動的であったと言っても過言ではない。定住人口が増えるなかで、特有の建築的・社会文化的な適応の触媒となったのは、多くの点で、遊牧民の領域性がもつ流動的な性質であった。

都市国家

都市国家は、広がりや人口において中規模であり、面積は一〇〇–一〇〇〇平方キロメートル（二五九–二五九〇平方マイル）、人口は五〇〇〇–二万五〇〇〇人程度が典型的である。稀に、古代アテネ、あるいはコロンブスが発見する以前の（南米の）テノチティトラン（アステカの首都）のように、大規模になった都市国家もある。研究者は一般的に、都市国家をすでに消滅した形態、あるいはシンプルな構造をもつ部族首長制、複雑な帝国、そして最終的には近代国家へと至る政治的進化の移行形態のいずれかであると考えてきた。こうした解釈は、先史時代にまで歴史を遡る今日の領域的な想定や慣行を無批判に映し出しており、都市国家が長い間、世界の至るところで支配的な政治組織として繁栄してきた事実を無視している。シュメールの都市国家は、文化的・技術的偉業に加えて、ほぼ二〇〇〇年間、何とか存続し続けた。アッカド帝国に吸収されたときでさえ、シュメールの都市国家はたびたび反乱を起こし、最終的には、その独立を再び成し遂げたのである。これは、その地域における都市国家のもつ永続的な魅力であり、それが長く持ちこたえた能力を証明するものである。都市国家は、世界の他の所でも長く持続したことが分かってきた。例えば、西アフリカのヨルバ族、地中海全域のフェニキア人、メキシコ渓谷のナワトル族に見られた都市国家の文化は、何世紀も繁栄した。

こうした都市国家が小規模であることを考慮すれば、領域的組織やガバナンスの観点からすれば、かなり精緻ではないように思えるが、それは事実ではなかった。孤立した自給自足的な実体というよりもむしろ、古代の都市国家は、かなりの相互作用と交換を行う空間的クラスターの中に存在する傾向があった。都市国家の集合体は、階層的に機能したが、政治的・経済的・文化的な協力と競合の柔軟なネットワークとしても作用した。こうしたネットワークは、都市国家に対して、脅威を最小化しながら機会を最大化する領域的組織の様態を採用する主たるインセンティブを与えた。実際問題として、このことは、周辺の都市国家との間で、相互に恩恵となるような物質的・技術的・文化的交換を受容しながら、独立に対する外的脅威には積極的な防衛を維持することをしばしば意味した。しかし、どのタイプの境界に優先順位を置くのかということばかりではなく、境界の創出と維持に投資する資源と重要度はかなりバラバラであった。

古代ギリシャの都市国家、すなわちポリスは、初期の都市国家の文化の中では最もよく研究されている。ギリシャの都市国家の文化、政治、および経済に関しては多くのことが知られているが、古代ギリシャがどのように領域を組織したのかについての理解はほとんどなされてこなかった。実際に、研究者の関心は、都市の砦を越えて広がることはめったにないのである。こうした見方は、その領域を地図に描くことなく、古代ギリシャの都市国家を単なる点として表す傾向によって示されている。しかし、領域をめぐる対立が都市国家間での戦争に至る数多くの事例がある。大半の都市国家、とりわけ大規模なものは、旅のルートと最外縁部の領域が交差する場所に、ホロス(horos)として知られる標石を置いたということである。宗教的な聖地が、都市国家の領域に神聖な正当性を与える手段として、すぐ近くに置かれたことはよくあった。旅行者が境界を越えることは、大抵の場合、生け贄を神に捧げることによって特徴付けられたのである。中立的なゾーンは、近隣の都市国家との境界を等しく分割した。

双方の同意によって、こうしたいずれからも要求されていない領域は、家畜の放牧地のために開放されていたのであるが、田畑や定住地にすることは禁じられた。ギリシャの都市国家間での「境界《ボーダー》」戦争は、境界の実際の場所をめぐる戦いと言うよりもむしろ、この中立的な領域の利用をめぐる対立を軸として行われたように思われる。中立的な領域と境界の宗教的な意味合いは、戦争の結果として、なぜポリス間で領域の移譲が比較的ほとんど行われなかったのかを説明するのに役立つ。敗北した都市国家は、領域を失うというよりも、勝者と同盟を結ばされ、あるいは貢物を納めるように強制される傾向があった。

ギリシャのポリスとは違って、マヤの伝統的な都市国家であるアハレル(ahawlel)は、一般的に外部との壁をもっていなかったが、かなりの労力が都市国家間での境界を画することに傾注された。境界の創出プロセスは、入念な儀式を伴い、その境界は参加者が歩くことで示された。個々の都市国家の領域内部での農耕地を分け隔てるプロセスは、それと等しく重要であった。個々の村々は、それぞれの農耕地用の領域をもっていたが、それはさらに細かい区画に整理された。マヤは土地を売買しなかったのであり、そのために、こうした区画は、家系を通じて継承されたのである。そして、境界を実際に歩くことが祖先崇拝と結びつくような儀式を通じて、先祖代々、農耕地の境界を維持したのである。

都市国家の文化の中には、かなりの時間、労力、および資源をその領域を画定するために費やしてきたものもあったが、このことはすべてに当てはまることではなかった。例えば、一五世紀から一六世紀にかけてのマレーの都市国家であるネジェリ(negeri)は、境界を維持することに対してほとんど何もしてこなかったように見える。こうしたマレーの都市国家は、主要都市の中心地が河口に位置する流域システムの周囲に構築された。都市の後背地は、河川の上流域に散在する緩やかにコントロールされた村々から成っていた。河川から遠く離れた領域は山間部のジャングルであることが一般的であり、それゆえに貧弱な農耕地であったため、人口も少なく、行き来することが困難であった。結果として、河口にある主要都市は、内陸部の境界を拡張することなく、河川流域の至る所で、資源、商品、人間の流れをコントロールすることができたのである。沿岸部の中心地は、その後背地に対する直接的支配を行わなかったが、その代わりとして、その土地を管理する長を置くことを好んだように見える。マレーの都市国家の領域は、現代の地図に見られるコンパクトで近接した領域ではなく、樹木を思わせるような拠点のネットワークとしてのほうがうまく想起される。中心的な沿岸部の都市国家は、（この樹木の）幹の部分に位置していた一方で、内部の村々は、上流でいわば、枝の部分に散らばっていた。流域間貿易は、個々の都市の中心地の通過をほぼ意味したと言える。

環境条件、定住環境と人口の密集度、農工業の慣行を含むこうした様々な境界戦略は、いくつかの要素によって説明される。例えば、ギリシャの都市国家を越えたエリアが、肥沃な牧草地であることはしばしばあったが、河川から離れたマレーの土地は、経済的な利用にはほとんど適していなかった。非生産的と思われた土地を区切ることにはインセンティブはほとんどなかった。実際には、北アフリカにあるギリシャの植民地は、周辺の領域と分け隔てるために沿岸部に標識を置いたが、ほとんど経済発展の可能性のない不毛な内陸部に対して、こうした沿岸部の標識が示す境界を内陸部へと拡張する試みをしなかった。ヨーロッパ人が東南アジアの沿岸部には標識を置きながら、内陸部のジャングルを境界で区切ることをしなかったように、一七世紀と一八世紀にも同様のパターンが見られた。ギリシャ人は、領域間に中立的なゾーンを残すことを良しとしていたが、マヤ人は、そのすべての領域

図 3　万里の長城のような古代の要塞は，厳格な政治的境界であることはめったになかった

を、いずれかの都市国家へと割り当てた。こうしたことは、ギリシャ人が、周辺の都市国家と共同で利用することが可能な牧草地を必要としていたのに対して、マヤ人は、明確に区切られた土地を必要とする集約農業を実践したということによって説明されるかもしれない。この二つの例とは対照的に、マレーの都市国家は、貿易ばかりではなく、食糧の確保においても海や河川に、より依存していた。こうした環境、農業、および経済活動の相違は、それぞれ異なる領域的戦略の発展を促した。境界に対する外見上の相違にもかかわらず、ギリシャのポリス、マヤのアハレル、およびマレーのネジェリは、都市の中心部の利益のために、その後背地における人力、資源、および生産量を活用した領域的な実践をまさに表しているのである。

帝国

帝国とは、古代に共通する第三の政治的・領域的構造であった。帝国が通常形成されるのは、以下のときである。すなわち、(事例として)遊牧民であることは少ないが、(多くの場合)ある都市国家が、身近で伝統的な祖国を越えて、拡大する多民族の領域への政治的・経済的支配を確立することに成功したときである。大半の帝国は、その正統性が何らかの普遍的な王位や、他の民族を「文明化する」広範な営為によって支えられた世襲君主によって治められたのである。このイデオロギーは、しばしば宗教的な基礎を有していた。すなわち、君主は統治するために神からの命令を発したのである。結果として、帝国は、遊牧民、都市国家、あるいは他の帝国であったかどうかは別として、周辺民族を支配下に置くことを目的とした政策を追求した。バビロンやローマの都市国家がそれぞれ帝国へと変容したように、帝国のことを、大規模に成長した都市国家の単なる成功例と考えることは簡単である。しかし、帝国は、多様な民族や地域を効率的に治めるためにより拡大した階層的な領域的構造を必要としたのである。

初期の帝国は、領域的支配が直接的手段か、あるいは間接的手段かを通じて行使されるかどうかに基づいて、二つの広義のカテゴリーに分けられるのが一般的である。ひとつは、帝国の首都における政策決定の権限に焦点を合わせた、比較的、中央集権的なシステムを発展させた帝国のことである。

帝国の中心部を越えた領域は、地方の総督によって統治された属州(provinces)に分割された。帝国の中心部に拠点を置き、貴族を出自にもつこうした長は、法と秩序を維持し、中央からの政策を執行し、おそらくこれが最も重要なことかもしれないが、徴税と帝国の首都へと運ばれる資源を管理することに責任を有していた。例えば、ペルシャ帝国は約二四の州に分割され、それぞれ総督(satrap)、すなわち皇帝の名代の支配下にあった。同様の仕組みがエジプト、ローマ、インカ帝国で記録に残されている。

そしてもうひとつは、支配に関してあまり中央集権的ではない手段に頼ってきた帝国のことである。アステカ帝国は、本来、中央メキシコの他の都市国家を支配することに成功した都市国家、テノチティトランであった。アステカの支配者は、こうした領域を直接的に併合したわけではなかった。むしろ、支配者は、その土地の王が兵役や十分な貢物を中央政府に差し出す限りにおいて、その場所にとどまることを一般的に許したのである。そうした王は、その土地の諸問題に対してかなりの権限をもっており、その地位は、より中央集権的な帝国における総督の地位とは違って世襲制であった。こうした支配形態はかなり異なっているように見えるが、実は多くの共通点を有していた。すなわち、こうした支配形態は、属州または従属国から貢物や資源を帝国政府へと届け、それを利することを目的としたのである。その土地の王や総督が中央から離反するという可能性は、中央と地方にとって常に存在した問題でもあったし、帝国の存立にとって、しばしば敵対する隣人よりも深刻な脅威であった。

帝国は、その内部の行政構造に関係なく、領域を構造化し、外部との区切りを画する何らかの手段を追求した。ローマ帝国は、明確な外部との境界を有する高度に中央集権化された帝国という理想を具現化したように見える。現存するローマ帝国の境界の守備は、現代の観察者のこうした見方を裏付けている。北イングランドにおける要塞、塔、および壁がネットワークのように広がるハドリアヌスの長城のような遺跡が示唆するのは、ローマの領域的支配に関する明確に決められた境界である。しかし、壁の向こうからやってくる野蛮な民族に対して、壁に沿って守備しているというローマ兵の印象は、誤解されやすい。ローマ人は、帝国の支配の境界を示すというよりもむしろ、はるか北に向かってみずからの支配が及んでいることを映し出すために、ハドリアヌスの長城を用いようとしたのである。こうした意味において、ローマ人がハドリアヌスの長城を用いた方法は、中国人の万里の長城に対するアプローチと異なってはいない。こうした双方の辺境における要塞は、帝国的な権威に対する明確に決められた境界を示唆しているが、個々の帝国と、それらが貿易を行い、かつ衝突することもあった北部の部族集団との間に引かれた境界そのものを示すことはほとんどなかった。定住パターンに関する考古学的な証拠が示しているのは以下のことである。すなわち、ケルト人やローマに定住した人間の物的残存物がハドリアヌスの「壁」にまたがって残されているのと同じように、遊牧民と定住農耕民は、中国の万里の長城の両側に共通して見出されたということである。実際問題として、こうした壁は、帝国の兵隊に対して、領域を支配し、両側からの人間と商品の動きを規制する骨組みを提供したのである。中国とローマの兵隊がこうした目標を現実に達成する能力は、時間とともに変わった。歴代の中国王朝が何世紀もの間、新しい壁を打ち立てざるを得なくなり、ローマが結局のところ、ハドリアヌスの長城を破棄したという事実は、安定した辺境を維持することがいかに困難であったのかを反映している。

ハドリアヌスの長城、あるいは万里の長城のような目を引く構造は、明確で単線的な境界を暗示しているが、初期の帝国は、比較的流動的ではっきりと定まっていない領域を有していたと考えたほうがよい。例えば、アッシリア帝国に関する最近の研究が強調しているのは、前近代の国家は、その辺境の異なる場所に応じて、いかに異なる領域戦略を発展させたのかということである。アッシリアの支配者は、地域のもつ相対的な経済的、あるいは戦略的な重要性に基づく辺境戦略を採用したように見える。アッシリア人は、重要だと思われるエリアにおいては、新しい行政の中心を置くことによって、直接的な支配を行った。新しく征服した地域に、農業を無理にでも植えつけた入植者は、その地域の生産性を高め、現地の民衆の忠誠を勝ち得たのである。重要ではないと思われる地域においては、アッシリア人は、安全保障上の脅威とはならない、村落レベルの首長に支配された中立的ゾーンを維持することで満足しているように見えた。周辺部におけるアッシリアの支配に関して言えば、ある地域では明らかに帝国的支配が及び、他の地域ではほぼそれがない、まだらな支配を行ったようにも見えるのである。アッシリア帝国は、ひとつの接触した領域というよりは、重要な政治的組織を欠くエリアに散在する帝国的支配が点々と及ぶネットワークとして描写したほうが良い。似たような形態は、アステカ帝国やササン朝帝国の辺境政策にも見出された。自然の地形、対抗勢力の力、および経済的な重要性の違いに応じて、帝国に対する忠誠や貢物を誓った現地の支配者を通じて間接的に統治された辺境もあれば、直接的な帝国の支配下に置かれた属州もあり、手付かずの辺境も基本的に残された。

柔軟な領域的構造としての古代の政治体

初期の遊牧民、都市国家、および帝国は、領域を組織し、その境界を画定するために一連の信仰や慣行を用いた。異なる経済的、文化的、政治的、および環境的な文脈を考慮すれば、世界の様々な場所に存在し、異なる時間に身を置く集団が、領域、境界、およびガバナンスに対して、多様なアプローチをとったことは驚くべきことではない。こうしたアプローチは、想像しているよりも、それぞれ微妙な違いがあり柔軟性があった。これまで見てきた古代の政府は、実際の領域を支配するよりもむしろ、人間の移動をコントロールすることに軸足を置いてきたと主張した研究者もいる。というのも、労働力の供給は、支配階級を支えるために必要な農業生産を最大化する上で重要な要素であったからである。いまだに議論の余地があるところだが、多様な領域・境界戦略とは、領域に対する権利を主張するのと同じように、安定的で信頼できうる労働力の確保に関するものであったように思われる。もしこれが正しいならば、なぜ多くの古代の政府が、比較的曖昧な境界に関して、一般的に満足していたのかを説明することに役立つ。

しかしながら、近代の地図は、こうした初期の遊牧民を非領域的なもの、都市国家を単なる点、帝国を明確に区切られた政治的領域として描く傾向がある。こうした地図作成上の図式は、当時の状況や歴史的証拠というよりは、過去の近代世界の現代的な想定を投影することと関わっているように思われる。すでに示した単純な見方は、古代における国家形成、領域性、および境界に関する二つの一般的な誤解を招くことになるのである。第一の誤解は、歴史を、遊牧民から都市国家、そして帝国へと、あるいは小規模で単純な構造をもつものから、大規模で複雑なものへという不可避的な進化として捉えることである。しかし、小規模な政治体、あるいは遊牧民に分かれた多くの帝国の例があり、それらは、都市国家の「段階」を経ることなく帝国を建設したのであり、そうした単線的な物語を否定する。第二のものは、古代の政治体が明確な境界によって区切られた領域に対して、統一的な支配を行っていたというものである。初期の遊牧民、都市国家、および帝国は、一定の地域に対する絶対的な権威を主張していたかもしれないが、政治的・領域的支配に対する多様な戦略が、その名目的な領域内部で程度の異なる権威や統合を政府に与えていた何世紀もの間、用いられたのである。

対内的には、古代の政府は、戦略的な交通回廊によって相互連結した領域的支配のより柔軟でパッチワーク的なネットワークのように機能していたのかもしれない。対外的には、領域的境界は、明確な主権空間を分け隔てる明確なラインというよりも、帝国の拠点、従属国家、対抗勢力、および不確実な地域という、より流動的な混ざり合いを含んだ過渡期にある辺境ゾーンという特徴をもっていたはずである。首都からの相当な距離を通じてか、あるいは山のような自然の障害物があるかどうかで、アクセスに制限のある地域は、何らかの高位の主権によって名目的に主張される領域の占有にかかわらず、内部と外部のこうした区分をしばしばまたぐのであり、自律的に移動する多様な「部族」集団へ避難場所を提供した。政治権力の行使におけるこうした領域的なギャップをなくす願望こそが、新しい領域的・境界付け戦略への強力な原動力を提供したのであり、究極的には、近代の国家システムの形成へと寄与することになった。

第3章 近代の国家システム

古代世界において、領域的支配は、必ずしも明確に引かれた境界に依拠しているわけではなかった。しかし、過去に適用された多様で柔軟なアプローチは、徐々に、近代の国家システムとして一般的に知られるものに付随する境界、すなわち国境、領域、および主権という、より標準的で厳格な概念に取って代わられたのである。地球が相互認識される政治的実体へ分割され、一定の領域内での住民や資源に対して絶対的な主権を有していると示すことによって、グローバルな空間が独立した国家群へ組織化されることは、今日では概して当然のように捉えられている。しかし、このシステムの発展は、漸進的で、多くの点で、不完全なプロセスであった。近代の国家システムはヨーロッパで最初に誕生し、植民地主義を通じて世界中に広まっていった。グローバル化がますます進展する世界において、国家システムの出現を理解することは、国境と領域の役割に関する現在の議論を理解するための基礎を提供するのである。

近代国家の起源

早くも一一世紀には西ヨーロッパで起こった複雑な経済的、社会的、および政治的変化に、近代の国家システムの起源をたどることができる。フランスやイングランドのように、馴染みのあるいくつかの名称が当時のヨーロッパの地図に見出されるが、こうした実体は、それらの近代の継承者とはかなり異なる形の構造を有していた。個々の主権国家としてではなく、中世ヨーロッパは、封建制として知られるようになったものを中心として作られた。封建制とは、主従間に見られる特権と責任という複雑なシステムを伴った政治的組織の一形態であった。カロリング朝が九世紀の間に衰退していくにつれて、フランク帝国の支配者は、その軍事的な臣下に対して給金を支払うことが困難であると認識した。支配者は、金銭を支払う代わりに、主君の土地の一部の利用権と経済的な生産の支配権をもつ従者としての指揮官を任命した。その代わり、従者は、主君に対する忠誠と兵役を誓ったのである。結果として、封建制は、厳格な領域的組織よりは、個人的な誓約や義務に基づいていたのである。主君と従者は、その領域的な位置に関係なく、個人的な関わり合いによって結び付いていた。

封建制は、底辺では身分の低い貴族、頂点では主君が君臨する明確な階層関係を示しているように見えた。確かに、主君が領域の最終的な所有権を保持していたのであり、臣下が不忠であったり、命を落とした場合、その土地を再び誰かに分け与えることができた。しかしながら、中央の権威がさらに弱体化すると、臣下は、みずからの土地に対する先祖代々の土地に対して権利を得ることができた。主君がその臣下の領域に対する支配権の多くを失うにつれて、その土地の貴族は大半が独立するようになり、みずからに従う臣下を任命した。貴族間での婚姻や土地取引、複雑な相続の慣行、および軍事的征服が、さらに状況を複雑にした。その結果が、脱中央集権的な政治的権威のシステム、領域の飛び地、および管轄権が重複する区域となって現れた。例えば、ブルゴーニュ公は、フランス王国内部で、大規模な土地を保有すると同時に、神聖ローマ帝国にもかなりの領域を保持していた。これに加えて、ローマ・カトリック教会は、ある程度の普遍的権威を主張していた。それゆえに、ブルゴーニュ公は、フランス王、ドイツ皇帝、およびローマ教皇に対して同時に何らかの忠誠を誓ったのである。こうした複雑な構造を考えれば、とりわけ、人口の少ない地域においては、税が徴収され、サービスが提供され、誓約が守られる限りにおいて、正確な領域的境界は必ずしも必要ではなく、有益でもなかった。

皮肉なことに、明確に区切られた領域内部の国家主権に基づいた政治的構造は、重複する管轄区域や曖昧な境界によって特徴づけられた封建制内部にそのルーツをもっている。研究者の間では、原因や時期についての議論はあるが、中央集権化された政府が明確な領域に対して政治的・経済的支配を次第に確立するにつれて、近代の国家システムの形成が中世後期までに開始されたことについては、一般的な合意が見られている。こうした変化に関する理由は複雑であるが、一般的には、西暦約一〇〇〇年に始まる一連の経済的変化に伴うものである。その中には、増大した農業生産、特化した商品生産、貨幣交換、および長距離交易が含まれていた。こうした変化は、都市の発展と、都市部での職人や商人という有力な新しい階級が次第に誕生することを後押ししたのである。

成長する都市の力は、確立された封建的な関係を破壊し、新しい政治的取り決めをする機会を提供した。都市の間では、経済成長と交易を促進する政治的な安全と安定という同じ目的を一般的に共有していた。君主と封建貴族は、お互いに闘争するなかで、こうした都市の成長する富を活用することを望んでいた。しかし、ヨーロッパの都市、貴族、および君主の相対的な力の差は、異なる政治的帰結、すなわち、都市同盟、都市国家、および領域国家の出現へとつながったのである。こうした権力の再配分は、領域的組織にとっての新しいアプローチを伴ったのであり、領域的組織は、封建制の脱中央集権的なロジックや、ローマ教皇および皇帝の普遍的権利の主張に徐々に取って代わったのである。

ドイツでは、都市は個別に行動するほどの力をもっていたわけではなかったし、ドイツの君主は、イタリアを神聖ローマ帝国へと編入させようとする試みによって弱体化した。結果として都市は、貴族に対するみずからの利益を守るために都市同盟を結んだ。こうした同盟は、脱中央集権的な政策決定、構成する都市に対する限定的な権限、および都市の壁を越えた曖昧な境界を特徴とする、散在した都市の連合体であった。イタリアでは、いくつかの都市は、その経済的・政治的利益を個別に守るのに十分なほど大きく成長した。その結果、それらの都市は、ローマ教皇あるいは皇帝の下での中央集権的な権威を確立させる試みに抵抗し、その代わりとして、独立した都市国家を形成したのである。こうした都市国家は、領域国家と同様に、外部と接する境界を有していた。しかし、その内部組織がバラバラであることはよくあった。有力な都市国家は、その周辺の村落や小規模な都市を搾取的な方法で支配し、中央政府の権威に絶えず挑むようになったのである。

フランスの都市は中でも最も弱く、都市国家としても、あるいは都市同盟を結んでさえもみずからを守ることができなかった。結果として、カペー王朝の系譜にあるフランスの王もまた、相対的に弱く、限定された地域を支配していた。結果として、フランスの王と都市の商人階級は、共通の敵である貴族に対抗するために結束した。都市は、王の下で強化された中央集権的な支配を支えたが、その見返りとして、王は、貴族から都市を守ったのである。王と都市は、徴税に関する正規のシステムを含む好ましい経済的条件、中央集権的な官僚制、統一的な法システム、常備軍、交通インフラを整備することや、貴族階級、教会およびギルドの影響力を削ぐことに対して、共通の利益を有してもいた。こうしたフランスの王と都市の協調によって、一三〇〇年頃までに、比較的明確な国境と、君主によって行使される中央集権的な対内主権によって特徴付けられる領域国家が出現したのであった。

こうした政治的組織に関する三つの異なる形態は、封建制が衰退すると、共存するようになった。その中でも領域国家が、政治的・経済的エリートが望んだ安全と安定を確保することにおいてより効果的であることが徐々に判明した。一五〇〇年までに、世襲的君主によって支配された領域国家は、西ヨーロッパ全体に溶け込んでいった。実際に、君主の中には、ますます中央集権化を強める行政や改良された軍事力に後押しされることによって、支配のための神権に基づく絶対的権威を主張する者もいた。多くの点において、絶対君主制とは、君主的支配や特権という封建制の一定の側面、および都市に基盤を置く中産階級の増大する経済・政治権力とを調和させようとした、ひとつの妥協なのであった。封建制と絶対的な領域システムとの間の不一致は、最終的には、一世紀以上にもわたる激しい対立にヨーロッパの多くを巻き込んだ宗教改革や宗教戦争として顕在化した。

一五五五年のアウクスブルクの和議、および一六四八年のウェストファリアの講和は、新しい領域的・政治的秩序、すなわち近代の国家システムの基本原則の大枠を定めることによって、こうした対立を解決しようとした。数十年にわたる断続的な対立の後に、ヨーロッパの諸国家は、特定領域に対する排他的権威を有する存在として相互に承認し合うことに同意した。これには、三つの主要な意味合いがあった。第一に、自律的な主権という概念、すなわち、国家が外部からの干渉なしに、その領域を自由に統治するであろうという原則であった。第二に、国家は、合法的に外交や戦争に関与することができる唯一の制度として見なされるということであった。最後に、絶対的主権の主張と行使は、君主に対して、どの領域、住民、および資源がその領域の中に含まれ、どれが含まれないのかという正確な境界を示すことを求めたのである。曖昧な辺境は、柔軟で重複する性質をもった中世ヨーロッパの領域的支配と両立したかもしれないが、こうした絶対的な国家主権という新しい概念にはうまく適合しなかったのである。

自然による境界からナショナルな境界へ

急速に発展する資本主義経済、拡大した国家官僚制、軍事組織の先端的な技術、および近代ナショナリズムの出現によって支えられたヨーロッパの諸国家は、主権に基づく領域の正確な境界を定める能力を徐々に獲得していった。こうした発展は、空間を測定し、その境界を画定することにかなりの正確さが求められる測量や地図作成の進歩の中に容易に見出すことができた。しかし、こうした境界がどこに引かれるのかをどのような基準で決定すべきかは、明確ではなかった。境界は、河川や山脈のような地形学的な特徴に合わせて引かれるべきであるとする考え方は、一七世紀から一八世紀にかけて支配的であった。自然がすでに、それぞれの君主のもつ権威の領域的範囲を画していたと仮定することは、境界を設定することに「合理性」を与えたのである。もし主権の「正しい」境界が自然によって前もって決定されていたのだとすれば、国家は単に、それらを位置付け、結果として、その境界を調整すればよいだけであった。

自然による境界を利用するという考え方は、国境を設定する客観的基礎であったように思えたが、実際問題として、個人が、その地政学的な目的を支える自然の特徴を選択する傾向があった。例えば、フランスの著作家は、ライン川がフランスの自然地形的な東の国境であったとよく述べていた。こうした主張は、フランスがライン川に沿って領土を併合していく試みと偶然にも一致したにすぎなかった。実際には、フランスや他国の著作家は共通して、みずからの国家の現在の国境を越える形での自然の特徴を選び取る一方で、自然の地形によって国家の領土を小さくするほうの国境を選んだと主張する著作家はほとんどいなかった。自然による境界という考え方は、一般的に、領土拡張路線の隠れた口実にすぎないものとして機能した。

君主は絶対的権力を主張したが、(国民からの)さらなる政治参加と高まる代議制の要求に直面した。国家による支配は、君主が倒されるか、あるいは君主が名目上のリーダーへと化す形で、民主的に選ばれた政府へと徐々にシフトしていった。これは、多くの要素を伴い、変容は一様ではなかったが、おそらく最も重要であったのは、大衆現象としてのナショナリズムの出現であったかもしれない。近代ナショナリズムの勃興は、国家主権に関する考え方を変容させた。もし国民が、共有する文化、言語、歴史などに基づく固有の集合的分類を構成すると信じる人々の集団と定義されるのであれば、ナショナリズムは、国家がその構成員に主たる忠誠を命じ、その主権国家内部での固有の自決権を有しているという仮定された政治的イデオロギーなのである。以前は、君主が国家と主権を具現化していた。この考え方は、亡くなる直前に、「朕は国家なり」と述べたと言われているフランス国王ルイ一四世によって例示された。イングランドにおける議会制ルールの着実な普及に加え、アメリカ革命やフランス革命を受けて、こうした君主主権という考え方は、徐々に人民主権、あるいは国民主権に取って代わられたのである。国家は、君主ではなく、国民主権を具現化するようになった。国民国家とは、規範と国家の政治的境界が国民の文化的境界と一致するという考え方であるが、一九世紀末までに、規範とは言わないまでも、理念となったのである。

ドイツ人の祖国という観念が形成され、流布することが、君主主権から国民主権へのこうした転換を示している。フランス革命後に国民主権への熱望が広がるにつれて、ドイツ民族は、多くの公国、司教区、および小規模な国家の間でみずからが分断されていることに気付いたのであった。結果として、ドイツの民族主義者は、統一されたドイツ人の国民国家の創出を求め、どの地域がドイツに含まれるべきかという明確な問いを出した。ドイツ人作家エルンスト・モーリッツ・アルント(Ernst Moritz Arndt)は、その詩作である『ドイツ人の祖国』のなかで最も有名な回答のひとつを提示した。アルントは、ドイツ人の祖国が拡張することを、「どこにいてもドイツ語が聞こえ、ドイツ語の賛歌が歌われる!」と著した。こうして提起された国家の境界を区切るために自然の特徴に頼るよりもむしろ、アルントと他のドイツの民族主義者は、民族言語的な基準が重視されるべきだと信じていたし、ドイツには、ドイツ語を話す人間がすべて含まれるべきと考えていた。ドイツという国家は一八七一年に誕生したものの、ドイツ語を話す多くの住民は含まれていなかった。ドイツ民族をすべて含むように国家を拡大させることは、破滅的な結末をもたらした国家社会主義(ナチ)運動を含む民族主義者の集団にとっては、依然として主要な目的であり続けたのであろう。

こうした国家主権という新しい考え方が受け入れられるにつれて、自然の地形に焦点を合わせる代わりに、国境は民族的・言語的な区分に対応すべきであると論じることが、ますます一般的になっていった。例えば、フランスの国境は、すべてのフランス人や土地を含むように引かれるべきなのである。イタリア人もまた、国民を統一するような新しい国家を強く求めた一方で、多くの（イタリアの）民族主義運動は、東ヨーロッパの多民族帝国に挑むことになった。王領地に対する君主主権に基づいた国家システムとして開始されたものは、国家システム、あるいは民族的な祖国に対する国民主権に基礎を置く国民国家システムと呼んだほうがうまく言い表されるものへと徐々に進化していったのである。

国民、国家、国民国家

以前の自然による境界という考え方と同じように、国家主権を確立するために境界を引くという考え方は、第一次世界大戦後の和平交渉が物語っているように、実現困難であることが分かった。戦争を終結させ、将来の紛争・対立を防ぐためにウッドロー・ウィルソン（Woodrow Wilson）大統領が掲げた一四カ条の平和原則は、国境とは民族言語的な区分に対応すべきであるとする新しい見解を反映していた。ウィルソン大統領は、その提案のなかで、「国籍という明らかに認識できるラインに沿って」イタリアの国境を引き直し、トルコ人に対して「安全な主権」を与え、「政治的・経済的独立と領土保全を有し、疑いもなくポーランド人によって住まわれている領土」を含む形での新しいポーランド国家を創出することを求めた。最終的に、ウィルソン大統領は、「大国小国に関係なく、政治的独立と領土保全の相互保証を与えるための国家連合」を提案したのである。

ウィルソン大統領の提案では、確立されたウェストファリアの諸原則が繰り返され、ナショナリズムという新しい言葉も反映されていた。国家はさらに、個別の領域に対する主権を有した独立した実体と見なされたが、国境は国籍や言語における相違を反映すべきとされたのである。オスマン帝国やオーストリア帝国のような多民族国家は、時代遅れなものとして理解された。これらは、新しい国民国家によって取って代わられたのである。すなわち、ポーランドはポーランド人のために、ハンガリーはハンガリー人のために生み出されたのであろうし、他もまた同様であろう。しかし、国境を国籍や言語と一致させることは、自然の特徴に基づいて国境を設定しようとすることと同じくらい困難である上に、主観的であり、議論を巻き起こすということが分かった。実際には、民族言語的な集団が明確なラインをもっていることは稀であり、同じように、民族主義者も、いずれの国民が特定の領域に対して最も強く権利要求できるのかをめぐって議論していた。一八〇〇年以降のヨーロッパ政治史の多くは、こうした新しい国民国家の枠組みに適合するように、地域の封建制的／絶対主義的な境界を見直そうとする取り組みを伴っていた。国境は、原因と結果双方のこうしたプロセスにおける二重の役割をもっていた。ある意味では、国民的あるいは民族的アイデンティティは、新しい国境を示すための原因になったが、他の意味では、新しい国民的あるいは民族的アイデンティティの創出を促進するという結果にもつながった。不幸なことに、こうした新しい境界付けのプロセスは、とりわけ第二次世界大戦の間、およびその後に、大量の死、移動、および多くの領土的改編によって特徴付けられたのである。

結果として、ヨーロッパは、君主国家によって構成される地域から、その国境が同じ国籍によって大部分が占められる集団と一般的に一致する民主国家から構成される地域へと発展した。例えば、戦間期のポーランドは、人口のわずか六〇%がポーランド人として認識されるにすぎなかった多民族国家であった。第二次世界大戦の蛮行によって、著しい人口的・領土的改編がもたらされた結果、今では、ポーランドの九六%がポーランド人となっている。ソ連邦、チェコスロバキア、およびユーゴスラヴィアは、民族言語的なラインに沿って大部分が分断されたように、ポスト冷戦期の混乱は、こうした傾向の継続を示していた。このことは、現在のヨーロッパにある国境が完全に国民的な違いと一致し、あるいはヨーロッパの国境が最終的に決定されたということを示唆しているわけではない。実際には、かなりのマイノリティ集団が依然としてヨーロッパ中に存在しているのであり、さらなる国民国家を創出するために、国境の変更を支持する民族主義運動がいくつか存在している(例えば、イギリスにおけるスコットランド人、スペインにおけるバスク人、ベルギーにおけるオランダ人)。

こうした国境を調整し、領土を再配分する継続的な取り組みが強調しているのは、われわれが生きる現代の国際システムの基礎内部に本来ある緊張状態、すなわち、一方では国家主権の保証と領土保全、他方で自決に関する国民的権利の承認との間にある葛藤である。民族言語的な集団に見られる曖昧な文化的境界と、主権国家を分け隔てる明確な政治的境界を一致させることは、極めて困難である。こうした葛藤は、国際連合憲章の中に見出される。国連は国際協調を促進し、とりわけ戦争の終結という目標のために一九四五年に創設された。国連憲章第一条には、国連の目的の概要が示されており、「人民の同権及び自決の原則の尊重に基礎をおく諸国間の友好関係」を促進し、「これらの共通の目的の達成に当たって諸国の行動を調和するための中心」として役割を果たすとされている。しかしその一方で、国連憲章第四条は、その構成員資格を「平和愛好国」に限定しながら、第二条では、すべての構成国に「主権平等の原則」を認めさせ、国連が「いずれかの国の国内管轄権内にある」諸事項に介入することを禁じている(傍点は原著者)。「ユナイテッド・ネイションズ」というその名称にもかかわらず、国連は諸国民の組織ではなく、むしろ諸国家の組織なのである。トルコや中国という国家は、平等な主権国家として認められているが、クルド人やチベット人はそのようには認められていない。こうした基本的な矛盾は、現代に多く見られる国家間紛争および国内紛争の主たる要因となっている。

植民地主義と主権

ヨーロッパにおいて、封建制国家から絶対主義国家、そして領域的な国民国家への変遷を遂げるなかで、ヨーロッパ人は同時に植民地主義的な膨張に関与することになった。植民地主義は、国家がその共通に認識された国境を越えた領域への直接的な政治的・経済的支配を確立するプロセスのことである。ヨーロッパの植民地主義は、経済的な機会主義、地政学的な競合関係、伝道への情熱、より良い機会を求める入植者を含む多様な要素によって動機付けられてきた。どの誘因かには関係なく、結果は通常、植民地領土やそこに元々住んでいる人間よりも、植民する側の権力や入植者に恩恵があるような不均等な関係であった。ヨーロッパの植民地支配がアフリカの大部分、アジア、およびアメリカに確立されたことは、植民地にされた土地、社会、および経済に対して、劇的かつ破壊的な変化をしばしばもたらしたが、その中には、主権、領域性、そして国境というヨーロッパ的な規範の押し付けを含んでいた。非ヨーロッパ的な社会は、領域的組織に関して独自の概念を有していたが、近代の国家システムの基礎を与えたのは、ヨーロッパ人によって擁護され、植民地主義を通じて輸出された政治的・地政学的な概念が大部分であった。

ヨーロッパ的な領域的組織の形態の拡大は、植民地主義にとって決定的に重要であった。こうした新しい領土に主権を確立させる最初のステップのひとつとして、ヨーロッパの諸国家は、ヨーロッパに起源をもつ領域国家モデルに適合するように新しい領土を地図に描き、再編成したのである。ヨーロッパ人の視点からすれば、植民地領土は、明らかにすでに以前からの住民、社会、および政府が存在していたにもかかわらず、基本的には権利要求に際しては「何もない」土地であった。土地所有や資源へのアクセスに関する既存のシステムは、劇的に変更させられ、あるいは痕跡を消されてしまっただろう。

一四九四年のトルデシリャス条約は、ヨーロッパを越えて領域主権というヨーロッパ的な概念を押し付ける最初の試みのひとつであった。(この条約に基づき)最初の主要な植民地権力であったスペインとポルトガルは、すべての非ヨーロッパの領域を両国で分割し、他のヨーロッパ諸国によって権利要求されないことを期待した。その条約は、北大西洋中部から南アメリカを通る子午線を明示した。スペインは、その子午線の西部のすべての土地の権利要求を行う一方で、ポルトガルの主張は東部へと及ぶものであった。一五二九年のサラゴサ条約は、世界のもう一方の側である太平洋において、スペインとポルトガルの権利要求を分け隔てる新たな子午線を生み出した。これらの条約は、他国にほとんど影響を与えなかった。というのも、他のヨーロッパ列強は即座にそれらを拒否したからであった。それにもかかわらず、この二つの条約は、ヨーロッパの領域国家がグローバルな規範へとなっていく長期のプロセスの始まりを示していた。

植民地主義は、ヨーロッパ的支配の範囲と実効性という観点からすると、不均等なプロセスであった。一般的には、ヨーロッパの植民地主義は、二つの段階に分けられる。第一の段階は、一五世紀後半に始まった。ヨーロッパの新興の領域国家は、海外で大規模に活動する財政的な能力をしばしば欠いていたために、多くの植民地主義の試みは、半官半民の商業的な事業として始まったのである。こうした勅許会社は、植民地領土の実地調査、獲得、および行政運営に資金を与えるために民間投資を活用した。その代わりとして、ヨーロッパの諸政府は、投資家のための利潤を生み出すために、勅許会社に対して、植民地貿易の独占権のような特別な経済的特権を与えたのであった。この商業的な植民地主義は、支配に関して言えば、会社の幹部が植民地の実効的な支配者であったという、かなり非間接的な形態をとっていたのである。しかしながら、勅許会社の幹部は、ヨーロッパに戻れば、政府の権威の下にあり続けた。

こうした勅許会社の中には、イギリスの東インド会社のように、ヨーロッパのいくつかの国家に匹敵するかなり強力で統制のとれた軍事勢力になったものもあった。それにもかかわらず、会社の幹部は、比較的小規模な領土を支配したのであり、それは通常、土着の商人や支配者と貿易を行った沿岸部の小さな入植地であった。勅許会社は、そもそも、領土を支配することに関心をもっていなかった。むしろ、植民地とヨーロッパとの間の商品流通を統制することに関心があったのである。結果として、こうした会社は、広大な領土への権利要求や明確な境界には概して関心がなかったと言える。このようなことは、貿易商品が継続的に流通し、競合する会社との距離が保たれている限りにおいて、必要のない犠牲であったのである。

商品流通を統制することに重点を置いているのにもかかわらず、勅許会社は、競合する相手の要求を妨げるための特別な先手を打った戦略という位置付けであることが多かったが、徐々により大規模な領土を管理していくようになっていった。こうした会社は、政府の責務によってすぐに圧倒された。それと同時にヨーロッパの諸国家は、実効的に領土を支配する能力をますます増大させていった。非間接的な支配の初期形態が、植民地経営に対する直接的で正式な支配を担うヨーロッパの諸国家に取って代わられると、これがヨーロッパの植民地主義における第二段階の始まりを画すことになった。このような移行は、アフリカやアジアよりも早くアメリカで開始されたが、一九〇〇年までには、ヨーロッパの諸国家は、直接的な主権の権利要求を大半の植民地領土に対して徐々に拡張していったのである。

植民地の境界を創出する

商業的な植民地主義から国家による植民地主義への転換は、ヨーロッパの諸国家によって支配された領土へと大きく拡大していった。このことは、ヨーロッパの領域国家モデルを植民地領土に広め、その後、明確な国境を創出する必要性を伴った。これは、いわゆるアフリカの奪い合いの時期に最も歴然と現れていたかもしれない。一九世紀に、沿岸部に植民地を求めた勅許会社からのより直接的な支配を引き継いだ後、ヨーロッパの諸国家はすぐに、アフリカ内陸部に対する権利要求を行ったのである。競合から戦争が引き起こされる可能性が高まったために、ヨーロッパ諸国の指導者は、一八八四年から一八八五年に開催されたベルリン会議で一堂に会し、アフリカを分割した。ヨーロッパの指導者たちが、アフリカの現在の政治的境界の大部分を生み出したのは、この会議とその後の交渉を通じてであった。彼らは、これから再編成する土地と人間に関する限られた情報の中で、しかもアフリカ人から意見を聞くことなくそれを行ったのである。同様のプロセスが、アジアの多くのところで進行中であった。世界の政治的実体の大半は、一六世紀初めには比較的不明確で曖昧な辺境によって区切られていたが、状況は、植民地権力がその領土に対する要求の範囲を画定することに躍起になるにつれて、一九〇〇年までに劇的に変化したのであった。

諸国がアフリカで有していた植民地領土を示している

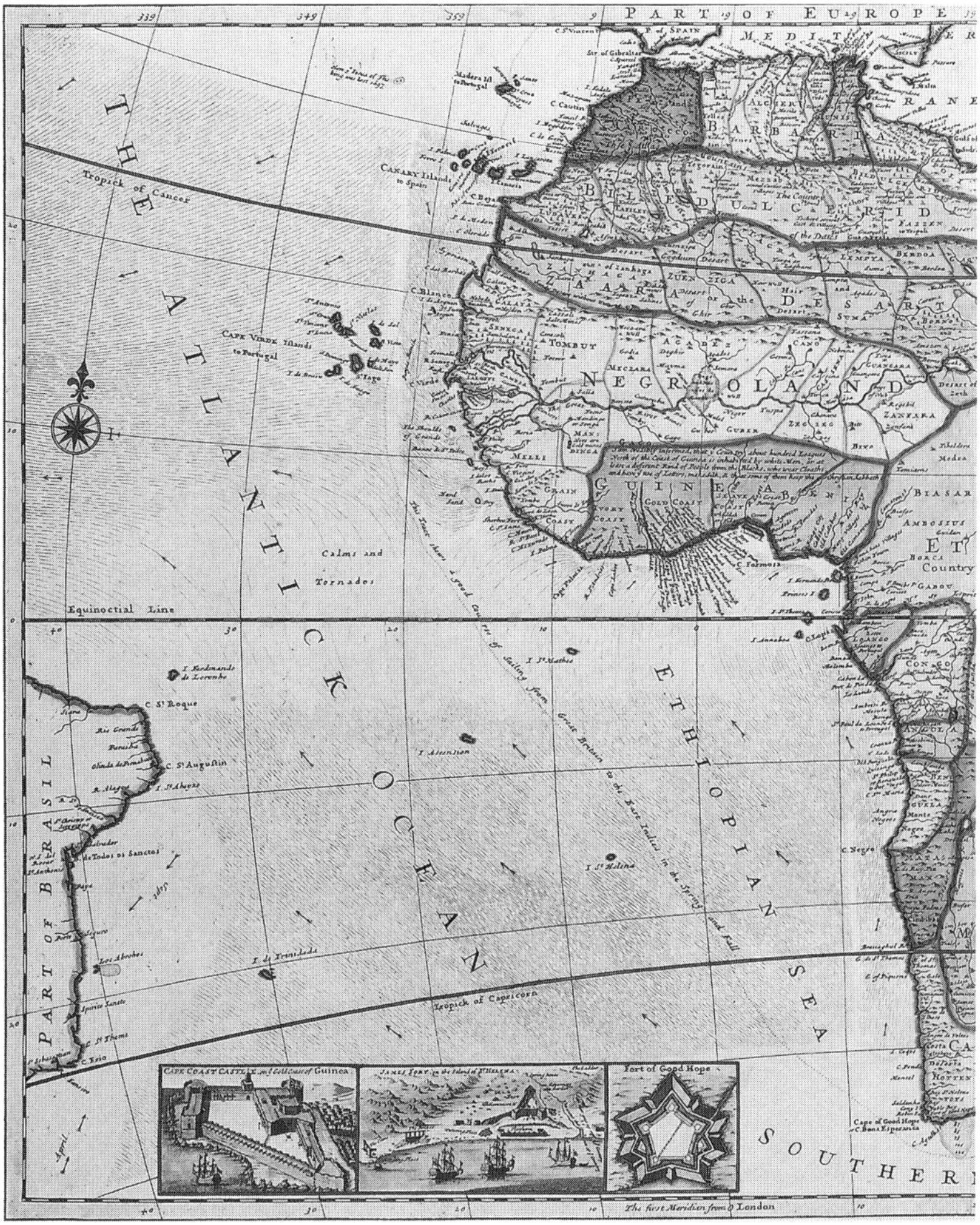

図4　この地図は，1710年当時のヨーロッパ

ヨーロッパによる植民地の拡大と国境の画定は、ヨーロッパの主権的支配の下には置かれなかった地域においてさえ著しい影響を及ぼした。一九世紀の間に、唯一シャム王国(大体のところ、現在のタイと一致する)だけが独立したままであったが、イギリスとフランスは東南アジアで植民地所有を拡大させ、そこにヨーロッパ的な領土的規範を投影していたのである。ヨーロッパ人は、絶対的主権という想定の下で活動していたのであるが、シャム王国は、中央における君主と周辺における現地の支配者との間で共有された主権という形態から成り立っていた。イギリスの使節たちは、国境を引くための交渉を行うためにシャムの支配者と何度も接触したが、シャムの君主にとって、現地の支配者が継続的に忠誠を尽くし、中央政府のために働いてくれる限りにおいて、国境など重要性をもたなかったのである。ヨーロッパの諸国家による度重なる侵略の後、シャムの政府は、国境に関する西洋的概念を採用し、主権的領域に対する明確な国境に関する交渉を行った。このことが、タイの国家と国民の形成を促進した「地理的身体(geo-body)」、あるいは祖国の領域的な輪郭を生み出したのである。

西洋人は、一般的に、植民地主義を、植民地の被支配者を発展させ、彼らに様々な恩恵をもたらす「文明」と見なしていた。その中には、領域、主権、および統治という新しい考え方が含まれていた。このことは、より多くの土地を征服するための都合のよい正当化ともなった。それはまた、いかに植民地支配が様々な領域において、不均等で不完全であったのかを無視した。ヨーロッパ的支配の拡大は、何人かの現地のエリートの協力、あるいはその取り込みに通常依存していた。例えば、イギリスの国家が一八五八年にインドにおける植民地経営の直接的支配を担った後でさえ、主権は混乱したままでであった。イギリス政府が名目上の主権を行使したが、数百にものぼるインドの藩王は、徴税や法執行といったその領土内部における国内問題に関して、おしなべて自律的なままであった。結果として、イギリスの官吏は、イギリスとインドの藩王の管轄権との間に境界を示すためにいくつかの調査を組織した。世界地図は一般的に、政治的統一性を意味する一様な植民地を描いているが、重複し、あるいは共有された主権の取り決めは、極めて普通のことであった。

植民地支配は、不完全であり、長く続くものではなかったかもしれないが、領域国家モデルの植え付けは、広範な影響をもたらしたであろう。実際には、ヨーロッパの外部にある現代の国境のほとんどの起源は、植民地と何らかの関連性をもつ。国境の中には、ベルリン会議でのヨーロッパ列強のように、主権に対する最初の権利要求を確立しようとしていくなかで、競合する国家間での合意に起源をもつものもあった。こうした事例では、イギリスとフランスの植民地のように、それぞれの植民地領土に引かれた境界は、のちに独立した主権国家の新しい国境になったが、そうしたことは、第二次世界大戦後の脱植民地の波の時期にとりわけ見られた。そしてまた、大規模な植民地領土が、かつての国内における行政区画に沿って分割されるときにも他の国境が出現したと言える。その例としては、フランスのインドシナ領、あるいは中東におけるイギリスの委任統治領などが挙げられる。

植民地支配から独立への移行に関する最も顕著な事例のひとつとして、一九四七年のインドからのイギリスの撤退が挙げられる。イギリス領インドという国外にある国境は設定されたが、ヒンズー教徒とイスラーム教徒との間の不和によって、単なる主権の委譲がなされることはなかった。結果として、イギリス政府は、イギリス領インドを二つの国家に分割することを決定した。ひとつは、圧倒的にヒンズー教徒の多い地域を含んだインド、もうひとつは、ほぼ九〇〇マイル（一四五〇キロメートル）にわたって分割され、二つのイスラーム教徒が支配的であった地域を含むパキスタンであった。イスラーム教徒とヒンズー教徒のコミュニティを別々の国家に完全に分けることなど不可能であり、それゆえに、数百万の人間が新しい国境の「間違った」側にいることに気付いていた。多くの人々は「正しい」国家へと移動したが、数千の人間が引き続いて発生した混乱と暴力の渦中で悲惨にも殺されたのである。南アジアにおける分割問題は、半主権的な藩王国によってさらに複雑化した。こうした藩王は、どの国家に所属するのかを選択することができた。ヒンズー教徒の藩王の大半は、マジョリティとしてのヒンズー人口を支配し、インドの一員になったのに対して、イスラーム教徒の藩王は、パキスタンに参画した。カシミール地方は、イスラーム人口がマジョリティであったが、その中には、インドに加わったヒンズー教徒の藩王もいた。このことがインドとパキスタンとの戦争につながったのであり、地域が分割される結果となった。カシミールの地位は、いまだに未画定のままであるが、領土の一部の権利要求を行う中国も加わり、この国境をめぐる紛争は、世界における最も危険なもののひとつとなった。実際には、分割後のパキスタンは存続できないことが分かり、東パキスタンは、一九七一年の血みどろの内戦を経て、バングラデシュという独立国家として分離したのである。

世界の主権国家の数が、一九四五年における約七〇から一九八〇年代までに一七〇以上にも増えたことを考えれば、植民地期の国境が、比較的ほとんど変更なく維持されたことは、驚くべきことかもしれない。このことは改めて、いかに近代の国家システムが、民族自決の主張よりも国家の領土保全を優先したのかを強調している。諸国家は、国境の引き直しに対して過剰に抵抗したのであり、そのことで、国家の領土保全が結果的に傷つけられることを危惧したのである。イギリス領インドの分割はまた、国境の引き直しが対立を引き起こす可能性があり、ややもすれば、暴力に至ることを示す警告としての意味をもっていた。現代の国境の大半は、比較的最近になって生み出され、極めて恣意的なものであったが、ある程度の不変性と時代を超越する性質をもっていた。しかしながら、こうした不変性という性質は、国家よりも下位レベルにある境界には何ら適していないのである。

国家よりも下位レベルにある境界

国家はまた、国境に加えて、国内の空間を差異化する多くの境界を含んでいる。こうしたものの中には、公式の行政官僚組織に基づく管轄区域もあるが、非公式あるいはインフォーマルな社会的分類を示すものもある。公式の行政区画は一般的に認識しやすく、大半の人間は、いくつかの下位レベルでの管轄区域内部で生活していることに気付く。国家よりも下位レベルにある境界は、われわれの生活にとって馴染み深いものであるにもかかわらず、その機能、影響力、形態、目的、そして基本的な用語(例えば、スイスの州 cantons、フランスの県 departments、アメリカの州 states、ソ連の共和国 republics、中国の省、カナダの州 provinces、ロシアの州 oblasts、モンゴルの州 aimags)でさえ、国家によってかなりまちまちである。こうした違いは、人口密度、文化的差異、そして自然の特徴といった実際的な考慮ばかりではなく、主権の行使に関する異なった想定を反映している。

アメリカの五〇州の形態と機能は、興味深い例を提示している。建国当初の一三州の形成には、植民地の勅許状を与える際のイギリスの君主による様々な政治的配慮が反映されていた。結果として、植民地領土と人口は、著しく異なることになった。それに応じて、アメリカの憲法は、州につき二人の議員をもつ上院を創設することによって、州間でのある程度平等な代議制を確保した。アメリカ政府はまた、その新しい西部の領土において、幾何学的な形に基づき、大体同じ規模の州を作ろうと試みたのである。結果的には、東部の州は、西部の州に比べて、不規則な形になり、規模においてかなりの差が出ることになった。

アメリカはまた、連邦政府システムを採用したが、それは、主権が中央政府と州政府との間で共有されるということを意味した。例えば、アメリカ憲法は、中央政府の権力を、外交や国防といった一定の機能に制限する一方で、州は、教育や法執行のような他の機能に対する主権を保持した。多くの他の国家は、国家より下位レベルにある政府に対して、異なる度合の責任、権限、そして代議制を付与した連邦システムを採用してきた。連邦主義と比較して、単一国家は、ひとつの政府という単位で主権の集中という特徴を有している。単一国家において、国家より下位レベルの実体は、中央政府から発せられた政策を単に実施するだけであり、こうした下位レベルでの管轄区域は、独立した政策決定を行う権限をほとんど、あるいは全く有していないのである。

州間の平等を達成したいという望みが意味したことは、アメリカが国内の政治的境界を、あたかも何も書かれていないキャンバス上に描いたかのように引いたということである。それとは対照的に、世界における州内境界の多くは、民族や部族のコミュニティ、封建貴族のもつ歴史上の領域、君主の有する財産、植民地の所有物を反映している。形態としては影響力が低下してもなお、こうした境界は長く持続してきたし、政治参加、行政サービスの供給、および文化的アイデンティティを形成する際に強力な役割を果たしている。このことは、境界と、それが画定した領域が永続的であるということを意味したいわけではない――歴史上の地図は、現存しない国家や境界の多くの事例を示している。しかしながら、肝心なのは、あらゆる境界は物語を有しているということである。地図上のすべてのライン、景色におけるすべての標識は、権力と文化の何らかの複雑な交渉から派生してきたのである。

国家より下位レベルにある境界の形成は、しばしば、教育機会、代議制政治、行政サービス、あるいは金融サービスにおける顕著な空間的差異を生み出している。不幸なことに、こうした境界を創出するプロセスは、政治的操作の影響をとくに受けやすい。「ゲリマンダリング」(特定の政党や候補者に有利になるように選挙区を改変すること)は、特定の集団に有利になる意図をもって、国家より下位レベルにある境界を引くことを示している。例えば、アメリカの選挙区は、通常、特定の政治的、人種的、あるいは社会集団がマジョリティを構成しており、それゆえに、いかなる選挙においても勝利することを確実にするために、区割りされている。経済的、人種的、および文化的データを集めた(アメリカの)国勢調査は、しばしば、こうした政治的に動機づけられた線引きの基礎を提供している。世界にも多くの同様の事例がある。イスラエルとパレスチナの領土の分割は、民族宗教的な分離が正当な制裁を有する群島に似ているのに対して、いくつかの旧ソ連邦国家は、最近、マイノリティとしてのロシア人たちの政治的影響力を削ぐために選挙区を見直した。

こうした差異に関する地理は、公式な画定を越え、多様でインフォーマルな社会的、経済的、あるいは文化的境界を含んで広がっている。これらは、先進国と途上国双方における富、権力、特権の社会的カテゴリーを反映し、強固にしている。アメリカの都市における居住パターンは、都市中心部の周辺に多く集中する低所得のマイノリティ集団のもつ経済的・人種的な差異と密接に関連している。居住住み分けの同様のパターンは、特定の地区に集まっている低所得の移民集団をもつヨーロッパの都市でも見られる。こうした事例が強調しているのは、インフォーマルではあるが、先進国におけるマイノリティ集団や低所得集団の居住選択を空間的に制限する複雑な経済的、政治的、および社会的諸力である。同様のプロセスは、途上国でも見られる。先進国からやってくるリタイアした人たちの特権的なコミュニティは、中央アメリカやカリブ海の一部に出現している。こうした居住に関する境界は、日常的な移動や出入り、相互交流のパラメーターを設定するばかりではなく、社会的な差異を作り、それを強固にすることに一役買っている。

ゲーテッド・コミュニティの成長は、居住住み分けにおける一番最近の発展のひとつである。この用語が示しているように、そこに居住する住民は、安全や特権の空間を生み出すために、壁、フェンス、検問所、守衛、および監視装置を利用している。ゲーテッド・コミュニティは、当初は先進国における裕福な家庭のために作られていたが、他の地域でもますます普通に見られるようになった。例えば、途上国におけるゲーテッド・コミュニティには、外国人が非常に多く居住していることがよく見られる。これらは、すでに述べた中央アメリカやカリブにおけるリタイアした人たちのコミュニティから、サウジアラビアや他の湾岸諸国における海外在住労働者の居住集合施設、そしてポスト社会主義世界の成り金たちにまで及んでいる。

低所得の近隣住民は、安全のためのインフラをもたず、公衆による羨望の目はないものの、領域性に対して同様の傾向を示している。例えば、ギャングの領域は、領域的支配の非公式な境界に依存する地域である。ギャングのメンバーは、みずからが支配する領域内部で、ある程度の特権を保持している。ギャングによる落書きや「色づけ(colors)」の表示は、低い社会経済的地位に関する単純な印のように見えるが、それらは、特定集団の縄張り的な主張を実際に表しているのである。

より良い意味では、通りに掲げてある旗、壁画、商業用の看板は、特定の人々の特権、あるいはそれらが帰属しているゾーンの境界を示すこともできる。これは、特定民族の居住地域、宗教的な地域、言語的なコミュニティ、そしてゲイ/レズビアンの地区という形態もとり得るのである。こうした境

図5　このカリフォルニアにあるゲーテッド・コミュニティは，富裕層のための分離された居住空間を生み出している

界は、国家による公式な制裁を欠き、公の地図にはほとんど見ることはできないが、国境としての領域性と同様の原則に基づいている。またこれらは、特定の社会集団の構成員によって支配されている空間を区別し、他者のアクセスの制限を象徴し、一定の行動規範を強制するようにできている。例えば、北アメリカ、アジア、そしてヨーロッパ中に多く存在する「チャイナタウン」は、こうした特定の近隣住民と個別の民族コミュニティを結び付けるアーチ状の入り口や二カ国語による標識によって、しばしば特徴づけられる。こうした民族居住地のタイプは、大規模な移民人口をもつ都市に共通しており、都市の地図や、シンガポールにおける「リトルインディア」やサンパウロにおける「ジャパンタウン」のように、ガイドブックにもよく見出すことができるのである。

グローバル化という考え方は、あるアイデンティティを特定の地域から徐々に分離させることを示唆しており、人々と場所との間に長期に見られた結び付きに脅威を与えている。しかし、新しい国際的な結び付きは、「脱領域化(de-territorialization)」と同じぐらい、「再領域化(re-territorialization)」に対しても多くの可能性を提示する。実際には、民族コミュニティから社会経済的な階級に至る多くの集団は、社会的、あるいは文化的に同質的なエリア内部からみずからを遮断することによって、こうした広い変化に対応しているはずである。こうした文脈において、国家より下位レベルにある行政的な区画とインフォーマルな社会的境界は、文化的、政治的、社会経済的帰属の新しい形態を取り決める手段を提供している。国家内部での顕著な再境界化の見通しはまた、境界の新しい現実と一致するのである。

第4章 境界を引く

領域化(territorialization)とは、社会的実体間の土地の分割を伴い、その結果としてできた場所に特定の意味を付与するという二重のプロセスのことである。境界は、その存在する意味を象徴的に永続させ、人間の移動を物理的に形成する能力のことであり、領域化には欠くことのできないものである。近代の国家システムと結び付いた明確に境界付けられた領域的な容器というよりも、境界の性質と領域化の実践は、時間とともに明らかに揺れ動いてきた。こうした見方は、境界や境界付けられた空間に関する別の次元、および現代世界における「境界付け(bordering)」のプロセスを考える基礎を提供している。

伝統的に、研究が焦点を合わせてきたのは、壁、フェンス、そして展望塔のような境界、とくに国境のもつ物理的側面であった。より最近では、研究上の関心は、そうした物理的側面よりも、境界・国境それ自体や境界付けのプロセスを理解することに移ってきた。「境界(border)」という用語は、本質的に名詞であると同様に動詞としても用いられてきた。こうした焦点の移行は、多くの新しい問いを生み出した。良い境界は良い隣人を生み出すのか、あるいは国境は国際協力にとって障害となるのか。国家主権は、国家の独立にとって優先事項となり続けるのだろうか。国民国家は、依然として主要なグローバルな政治的／経済的アクターであり続けるのか。ボーダーレスな世界は可能であるのか、あるいはそれが望ましいことなのか。これらと他の問いは、二一世紀における境界や国境の進化する性質や役割に関連している。

過渡期にある国境

一九八〇年代後半から一九九〇年代にかけての先例のない地政学的な変化、中でも注目すべきは、ソ連邦の終焉、ベルリンの壁の崩壊、地域主義的な貿易ブロックの拡大(EU、NAFTA、ASEANなど)によって、国境の機能、実践、そして意味に関する広範な再評価をせざるを得なくなったことである。冷戦期の硬直した二極構造は崩壊していったが、それに取って代わるものが何であるのかは分からなかった。ジョージ・H・W・ブッシュ(George H. W. Bush)大統領は、一九九〇年にアメリカ連邦議会で行った演説の中で、国際協調をさらに促進させる自由、正義、そして平和という共有の価値に基づいて、「新しい世界秩序」が出現してきたと宣言した。多くの人間は、ブッシュ大統領の楽観主義には同意しなかったが、専門家の大半は、国際システムが変容期に突入し、こうした発展の性質と方向性に関して激しく議論が行われたことについては同意した。

議論の多くはグローバル化という考え方に集中したが、それは、国境にまたがる一連の政治的、経済的、社会的、そして環境的なプロセスに言及する。多くの研究者、政治家、ビジネスリーダー、および活動家が信じているのは、グローバル化による相互作用と統合の促進は、国民国家とその境界である国境の重要性を急速に侵食しているということである。こうしたテーマを、ビジネス、コミュニケーション、あるいは情報テクノロジーの観点からアプローチすれば、グローバル化とは、経済的効率性の増大、技術の拡散、そして生活水準の全体的な向上につながるであろうと予測する者もいる。こうしたかなり楽観的な見解は、企業が仕事を海外に移し、貧困労働者の絶え間ない流入が文化的異質性の増大と経済的機会の競合をもたらすために、先進国における経済的な衰退という恐怖によって反駁されるのである。こうした(悲観的な見解と楽観的な見解の)違いにもかかわらず、双方のシナリオは、ますます多孔的で、透過性があり、かつ意味をなさなくなった国境を伴う新しい世界秩序を構想する。

二〇〇〇年代初めのテロ攻撃は、これとは反対の傾向に拍車をかけた。国境の透過性の増大に対して、世界中の多くの政治的指導者とその支持者たちは、国境への締め付けをより一層強化した。空港での厳重な検問に加えて、海外旅行者は、ビザ資格、書類検査、そして移民手続きの厳格化に直面する。新しい壁、フェンス、そして展望塔が日常的に出現しているかのように、国境それ自体でさえ、変化を遂げているのである。

国際システムは、グローバル化が脅威と機会の双方を伴っているように見えるために、矛盾する傾向を示している。グローバル化は、多くの人間によって、国民国家システムに対する直接的な挑戦として見られているが、国境と領域主権はこれまで一度として、一貫した形で成立し、遂行され、あるいは認識されたことはなかったのである。国民国家システムが形成されたにもかかわらず、安全と機会の双方は、植民地主義、帝国主義、そして商業資本主義といった広範囲にわたるグローバルなシステムの本質的な部分であった。こうしたシステムは、人間の結び付きやグローバルな相互連結性の拡大に対する先例を提示しているが、現代における地方、国家、グローバルな地域との間での相互作用と相互依存の強度はこれまでにないものである。こうしたことは、領域と境界付けのプロセスの根本的な役割にとって明確な意味合いを有している。

グローバル化と領域

今日、多くの人間は、国家の領域主権の優位性に疑問を投げかけている。実際には、国民国家が国際舞台での支配的なアクターであり続けるのかどうか、あるいは国民国家が完全に性質を異にする国際的アクターや国家より下位レベルにあるアクターに徐々に取って代わられるのかどうかは分からない。多くのエコノミスト、ビジネスリーダー、そしてジャーナリストは、「強いグローバル化（strong globalization）」と名付けられる可能性があるものについて予測している。歴史の終焉や地理の終わりという以前の主張に基づきながら、こうした見方は、国境が意味のないものになるにつれて国民国家を崩壊させる、脱領域化のプロセスを描いている。実際のところ、トーマス・フリードマン(Thomas Friedman)の『フラット化する世界(The World is Flat)』(二〇〇五年)が前提としているのは、グローバル化が、グローバル経済において、あらゆる場所を効率的に競合させるということである。

「弱いグローバル化(weak globalization)」という見通しは、地理学者、他の社会科学者、そして国際弁護士の間でより共有されている。こうした人たちは、国境の創出とそのコントロールにおける長期的な変化や反転作用を強調する。すなわち、主にバリアとして機能し続けている国境もある一方で、相互作用、交換、および協力という透過性をもった場へと変容している国境もあると言えるのである。例えば、ハーム・ドゥ・ブレイ(Harm de Blij)の『場所の権力(The Power of Place)』(二〇〇九年)は、大部分の人間の生活水準がその出生国の発展レベルに、いかに密接に一致しているのかを強調する。このアプローチは、現代の経済、社会、そして政治を形成する国境の継続的な能力を、バリアおよびブリッジの双方として認識している。

世界の陸地が主権国家へと分割されるにつれて、領域的コントロールはゼロサムのシナリオになっていった。ある国家は、他の国家が負けた場合に、利益を得るにすぎないのである。このことは対立の主要な源であったし、これからもそうあり続けるのはほぼ確実であろう。実際に、国際法の多くは、領土紛争を防いだり、解決したりすることを目的としている。しかし、国際法は、近代の国民国家システムという全体的な枠組みの中で発展してきたと認識することが重要である。「領域の罠」というメタファーに立ち返ると、国際法とは、国家、主権、および領域を所与のものとして結び付けているのであり、国境に関しても、ほぼいつも現状維持を支持していることは驚くべきことではない。

事実上、国家の領土保全の重要性は、明らかに、大半の国際組織によって法典化されている。例えば、国連憲章(第二条四項)は、「すべての加盟国は、その国際関係において、武力による威嚇又は武力の行使を、いかなる国の領土保全又は政治的独立に対するものも(中略)慎まなければならない」と定めている。同様の表現は、アラブ連盟(一九四五年)、イスラーム協力機構(一九六九年)、そしてアフリカ連合(二〇〇〇年)の創設綱領にも見られる。北大西洋条約機構(NATO)や欧州連合のように、いくつかの国際組織は、加盟候補国に対して、加盟する前に、いかなる国境紛争も解決しておくことを求めるのである。

こうした国境の安定性という特権は、以下の事実を無視している。すなわち、近代の国境の形成は、複数の国家間にまたがる形で分割された国民集団の分割、あるいはひとつの国家内部にまとめられた複数の国民集団をしばしば伴う、かなり不均等で恣意的なプロセスであるということである。国民の文化的境界と国家の政治的境界との間にあるこうした基本的なずれは、過去二世紀にもわたる組織化された暴力の多くの事例の原因になってきたし、現代における多くの紛争の火種となり続けている。国境を、国民的な差異をうまく反映するように単に変更することが、明らかな解決策であるように思われる。しかし、(そのためには)少なくとも三つの大きな障害がある。第一に、国民集団は、しばしば、領域性の重複する意味を有しているのであり、二つあるいはそれ以上の国民が、同じ土地をみずからの民族的な祖国として主張することを意味している。第二に、ナショナリズムのもつ感情的な要素は、集団がその権利要求を解決する際に、妥協よりもむしろ、対立に訴えるというリスクを生じさせる。最後に、国家が他国の主権を弱体化させることに躊躇しているのは、それによって、自国の主権を損なう可能性があるからである。こうした代償に見合う原動力は、国家主権は相互承認に基づくという事実に由来する。脱植民地の時期以降、国際社会は一般的に、新しい国家、あるいは重要な国境の変更を、ユーゴスラヴィアやソ連邦の崩壊、そしてエリトリアや南スーダンにおける何十年も続く暴力のように、異例の出来事に対応する形でのみ承認してきたと言えよう。

ボーダーレスな世界が到来するという予測にもかかわらず、われわれの日常生活の多くは、人権や国民的アイデンティティから天然資源や生活水準に至るまで、依然として根本的かつ不可避的に領域と結び付いている。それゆえに、領域的な影響力から完全に切り離された、政治的、文化的、あるいは経済的権力の展望などあり得ないのである。実際に、国家主権を維持・保護することにおける国益は、二〇〇一年以降、増大した。国境の意味と機能は、単一の方向に向かうというよりもむしろ、グローバルな経済的交換(統合主義)と、とりわけテロリズムといったグローバルな安全保障上の争点によって生み出された恐怖(新孤立主義)という矛盾する圧力によって変容しつつある。本質的には、国境は依然として重要であり続けるが、新しい役割を帯びてきているのであり、以前に考えられたよりも、かなり広い意味での影響力をもっていると理解されるべきである。それでもなお、安全保障は国境における最も重要な役割のひとつのままである。

国境と安全保障

国境は、「われわれ」と「われわれのもの」、そして「彼ら／彼女たち」と「彼らのもの／彼女たちのもの」を分け隔てる強力な象徴的かつ実践的な意味を提示する。実際に、国益を守るために力を用いる国家安全保障と国家の能力(これを義務と主張する者もいるだろう)という概念は、しばしば、国境の維持に重点を置く。それゆえに、国家安全保障に関する伝統的な見方は、国境と国境地域に多くの役割を与えた。これらの役割の中には、脅威を実体化し、国家の中心部を守る緩衝地帯を提供するばかりではなく、強みと弱み、そして意図という観点から近隣諸国を評価する場として機能することを含んでいる。

国境と国境地域は、国家のセキュリタイゼーション(移民などを安全保障上の脅威の対象としてみなしていくプロセス)のシンボルとしても機能する。それらは、文化的変容から経済的停滞、そして他のいくつもの社会的病理に至る、様々な問題の時事的な焦点(時には、スケープゴート)であることもしばしばである。要するに、国境は——その近くに住む人々、それを越える人々、そしてまさにそのイメージにとって——政治的態度や政策を形成することに役立つ。さらに言えば、政策は今日、安全保障という概念が以前よりもはるかに広い視点で把握されているので、さらに論じるべき問題である。

国境の役割は、認識される脅威の性質とともに変化する。先に述べたように、ソ連邦の崩壊は、世界の多くの場所で、国境の取り締まりが見かけ上、緩やかになった時期の後に起こった。逆に、国境のコントロールの強化は、不法移民、国際テロリズム、およびスマグリング〔密輸〕といった二〇〇〇年代初めに起こった様々な問題への是正策として考えられた。皮肉にも、新しい脅威の大半は、新しい国境における砦やパトロールに主として影響を受けないのである。例えば、国境を越える麻薬は全体の五％から一〇％しか摘発されないと見積もられている。さらには、自然災害や疫病の影響は明らかに、政治的境界、あるいはそのバリアとして機能するインフラによって左右されることはない。

こうした国境を越える様々な新しい現実を考えれば、多くの専門家は、透過性を減少させることによる国境の安全保障を向上させる伝統的な取り組みを、非生産的だと考えている。現在の取り組みは、ある国家と他の国家を分け隔てるラインで人々の移動を止めることに重点が置かれているが、「国境空間（border space）」という広い定義を用いれば、当局が新しい問題や脅威に対してより効率的に対応することに役立つであろう。不法移民と闘うための新しいアプローチは、国境地域の脱セキュリタイゼーション〔移民などが安全保障上の脅威の対象から外れるプロセス〕を伴うかもしれない。それは、移民還流を可能にすることであり、移民の出身国の経済発展を促進するための国家間による協調的な取り組みの増大にもつながるであろう。例えば、共産主義の崩壊後、ドイツは、旧ソ連邦からのドイツ系移民の帰還に端を発する社会的緊張と闘った。それに対応して、ドイツ政府はドイツ系移民が海外に留まり、ドイツに戻ってこないように、ビジネスベンチャーを支援するといった、ドイツ系のディアスポラ・コミュニティに対する様々なインセンティブを提供した。こうした観点からすれば、中央政府は、その領域全体や周辺国、そして遠く離れた国家にも広範囲な影響を与える国境政策ばかりではなく、国境地域の特定の利益にも対処しなければならない。これには、国境の安全保障に対するより体系的で総体的なアプローチが必要である。この目的に向けて、国境を、単なる地図上のラインとしてではなく、空間として捉えるという新しい認識によって、国境の透過性に影響を及ぼす数々の新しい条件、制度、およびアクターに関心が向けられることになる。突き詰めると、国境とは、透過性という様々な異なった入り口やレベルをもったフィルターと言えるのである。

透過性をもつフィルターとしての国境

人間の構築物が時空間によって変わるように、国境とそれがもつ透過性(permeability)は、本来、主観的な現象である。その特殊性は、法的、行政的、歴史的、社会的、政治的、および経済的状況によって形成される。個別の脅威や圧力が透過性のレベルを増大させたり、減少させたりするのは、時間と場所によって異なるかもしれない。すなわち、透過性は、時として同じ国境でも違う地点では異なるのだろう。

米墨国境は、ひとつの興味深い例を提示している。メキシコのシウダー・ファアレスにおける暴力的な麻薬カルテルの存在は、テキサスのエルパソにおける出入国を監視し、制限することを強化することにつながった。それとは対照的に、西に向かって六二〇マイル（一〇〇〇キロメートル）続くメキシコのティファナとカリフォルニアのサンディエゴとを結ぶ国境は、ツーリストやビジネスマンにとっては、比較的開かれた扉のままである。国境の透過性のもつ相対性は、教育をあまり受けていない、しかも裕福ではない人々に比べて、経済的エリートは国境を容易に越えることができるということによって、同様に明らかである。このことによって、国境は、人間、物、および動機のタイプに違いがあるように、内包的、排他的政策の双方を反映する不完全なフィルターとして機能していることが明らかになる。それゆえに、国境の透過性という概念は、必ずしも自由な移動の追求には結び付かないのである。むしろ、それは、相対的な閉鎖性と開放性との間で変動する可変的なカテゴリーと言える。

ますます激しくなる国境を越える流れに関して、利益が望める上に、倫理的な対応を確実にするために、目標は「良い」国境を構築することでなければならない。この目標に向けて、多くの人々は、「良い」国境とは、一般的に、開かれたコミュニケーション、正式な国境画定に関する合意、常設的な国境画定委員会、アクセスできる交通網、そして最低限の軍隊あるいは警察部隊の配備を特徴とすると主張するだろう。しかし、「良い」国境とは、近隣住民あるいは周辺諸国内部の集団による有害な行動を防ぐ可能性もある。それゆえに、国境を越える流れを妨げるその能力は、そのブリッジ的な機能と同じように、本質的かつ建設的であるかもしれないのである。グローバルな経済統合と労働移民とに結び付いたテロリズムと麻薬密輸の脅威は、こうした点を際立たせる。国家権力が安全保障の名の下で増大しながら、同時に、急速なグローバルな経済統合の圧力の下でその権力が減じているように、国境と主権の関係は極めて不安定なままである。

国境と主権から見た新しい風景

その絶対性や適用の平等性を各国が繰り返し表明してきたにもかかわらず、主権というドクトリンは、決してそうなることはなかった。実際に、研究者は、国民国家の構造という枠組みと、それに伴って規定された領域主権という理念を超越して考えるという大胆な手法をとってきたのである。こうした新しい考え方の核心は、国家の領域の範囲を越えるばかりではなく、サブナショナルなレベルで生じるグローバルなプロセスを軸として展開する。そうすることで、こうしたプロセスは、国家およびグローバルなスケールにとって、相互排他的な領域を打破する主権の新しい風景の創出に寄与するのである。

境界研究における伝統的なアプローチは、多くの場合、国家と他の地政学的な実体を分け隔てるラインを、自然に基づくもの、あるいは、歴史的に「所与のもの」として解釈してきた。国境とは、硬直した正統性をもった空間的な仕切り(spatial divider)として安定しているよりもむしろ、偶発的な出来事や考え方の影響を受けやすい実践や制度を本来発展させてきている。今日、そうした影響は満ち溢れており、その中には、人権という新しい理念（生殖権《リプロダクティブライツ》、性的志向に関する平等、水に対する権利）、新自由主義的な経済実践（労働力の自由移動、外注化、国営企業の民営化）、そして新しい非対称的な安全保障上の脅威（テロリストのネットワーク、国家を超えた騒擾、犯罪カルテル）を含んでいる。ナショナリズムを一九九〇年代初めに歴史のゴミ箱へと追いやった研究者もいたが、主権に対する権利要求と国境の成立要件を満たす、多様な新しい超国家的アイデンティティ、復活した国民的アイデンティティ、および野心的なサブナショナル・アイデンティティがこれまで出現してきたし、現在も出現してきている。

主権から見た新しい風景は、地方《ローカル》、州、国家、地域《リージョナル》、そしてグローバルなシステムと結びつく複雑なネットワークを可視化している。それらは、対立、統合、反対者の取り込み、協力、内包、および排除のプロセスを監視する場を提供している。こうした場は、固定され、境界で囲まれたものとしての国家という概念を打破する。国家は「内部」と「外部」に明確に区切られた容器というよりも、地方、国家、そして「国際(inter-state)」、あるいは「超国家(trans-state)」という概念と一層柔軟に結び付いていると理解される。境界付けに対するこうしたプロセス志向のアプローチは、主権というまさにその考え方を、柔軟で流動的なものとして明らかにし、国境のもつバリア、ブリッジ、そしてフィルターとしての多機能性を再び強調するのである。

偶発的な主権

「偶発的な主権(contingent sovereignty)」という概念は、国民国家システムの移ろいやすい性質を例示している。境界研究者の間では、偶発的な主権とは、以下のことである。すなわち、伝統的に不可侵の国家権威とそれに対応する領域主権が多くの挑戦を受けているという考え方によって、人権侵害や大量破壊兵器の拡散が国際的な行動に結び付かざるを得ないという考えを意味している。偶発的な主権の提唱者たちにとって、グローバルな規範の深刻な侵害状態にある国家は、その領域主権を喪失している。それゆえに、国際社会は、様々な慣習や条約を守るために、こうした国家の国内問題に介入する権限を与えられる。一旦、加害国の領域主権が侵害され、法規範からの逸脱が認識されると、モニタリングと管理の時期がそれに続いて設けられる。加害国は、何らかの国際組織によって決定された「良い行動」を条件として、その領域主権を(再)獲得するのである。例として挙げられるのは、中東和平へのロードマップ、北アイルランドにおける聖金曜日の和平合意、スーダンのナイバシャ合意、ボスニア和平協定、そして東ティモールの国連安保理決議一二七二号がある。それにもかかわらず、国家主権に関するこうした新しい概念や、受容された規範のグローバルな執行は、グローバルな社会空間組織という新しいシステムには明らかに程遠い。上記のようなプロセスに中国やアメリカが従うと誰が想像できようか。それゆえに、偶発的な主権と、それが国境を侵害する可能性は、依然として、そうしたことを防ぐ力をもたない国家に対してのみ適用される。

偶発的な主権の問題を孕む性質は、二〇一一年のいわゆる「アラブの春」と呼ばれる民衆の反乱に対する国際的な対応によって表面化した。国連決議に引き続いて、ＮＡＴＯの加盟国は、リビアの独裁者ムアマル・カダフィ(Muammar Gaddafi)の打倒を目指した群集を支持するために空爆を開始した。リビアは承認された国連加盟国であったために、厳密に解釈すれば、それはリビアに対する主権侵害にあたるが、ＮＡＴＯの指導者たちは、カダフィ一族が人権侵害に関与していたという根拠に基づいて空爆を正当化したのである。それゆえに、国際社会は、市民を「保護する責任」を有していたために、介入することができたと言える。ＮＡＴＯの空爆は、反体制派が最終的な成功を収めるにあたって決定的な役割を果たした。

それとは対照的に、シリアのバッシャール・アル＝アサド(Bashar al-Assad)体制も、反政府抗議運動を強権的に弾圧したことに関して非難されたが、国際社会は、二〇一一年から二〇一二年初めにかけて介入要求を一貫して拒否した。しかしながら、バーレーンでは、スンナ派が支配的である政府が、シーア派が多数を占める反体制派を暴力的に取り締まるにつれて、外国からの介入が起こったのである。この介入は、サウジアラビアと他のスンナ派政権が反体制派と戦うバーレーン政権を援助するために軍隊を派遣するという形をとった。このことが示唆するのは、以下のことである。すなわち、「保護する責任」というドクトリンが適用される可能性があるのは、例えば、加害国の政権が非常に脆弱である場合に限られる。しかし、もし北朝鮮のようにその体制が侮りがたい軍隊を有している場合、あるいは、アメリカ軍が駐留しているバーレーンのように、グローバル・パワーと同盟を結んでいる場合には、適用されないのである。実際には、スーダン、ルワンダ、あるいはミャンマー（ビルマ）のように、明白で長く続く人権侵害や国際条約違反の場合でさえ、大半の国家は、リスクを伴う紛争にはためらい続ける。

こうした国家による一般市民への虐殺の事例は、一九九〇年代から二〇〇〇年代を通じて、主権に関する新しい解釈の要求を呼び起こした。多くの人権擁護活動家にとっては、主権は国民に存している。国家主権の存在自体、国民の基本的権利を擁護するかどうかにかかっている。国家が市民の人権を侵害する場合には、国境を越えた介入が正当化されるのである。こうした見解は、国家主権よりも正義や人間の尊厳を優先する。同様の見方は、マイノリティや先住民に関連した国境の構築物を出現させる際に明らかとなる。

マイノリティの領域と先住民の主権

国民国家システムは、主として、現状承認原則（ウティ・ポシデティス：所有したときに、所有権が発生する）や、財産と所有権という西洋の法的伝統（「占有は九割の法」（所有権などは現にそれを支配しているものが有利））に基づいて構築されてきた。「先住民の主権」という概念は、こうした考え方を疑い、マイノリティや先住民の土地要求に関する歴史的、政治的、そして法的対処に埋め込まれた人種主義を暴露する。結果として、活動家や研究者は、法、権利、そして主権のパラダイム内部および外部双方における権力の再構成を求めてきた。多くの人間にとって、重複する政体、非階層的な権力構造、および辺境という前近代的な概念は、領域、権威、国境という西洋のアプリオリな理念と同様に変わらないものである。こうした見方からすれば、国家が形成されるプロセスにおいて、マイノリティや先住民が被った不正は、正されてもよいはずである。

先住民の主権の擁護者にとっては、現代政治に関する境界の形成に関して、認識されてこなかった負のインパクトが、道徳上のジレンマを形作る。簡潔に言えば、大半の国家は、かなり非民主的な状況の下で形成されたのである。国境の形成は、一般的には、様々な社会的境界を反映し、かつそれを越える不平等な権力関係によって生じる。国境でさえも、民主国家の形成を促進するために引かれたのであり、シビック・ネイションが、民主的プロセスの産物であることはほとんどないのである。皮肉にも、民主政治は、民主主義的な制度と国境が確立されるまで民主主義は存在し得ないという事実にもかかわらず、近代国家と結び付いた民主主義的な制度から現れることが想定されている。ある集団から他の集団へのこうした初期の権力闘争をめぐって、緊張状態が続くことはよくあり、このことが、長期的な経済的・社会政治的な不平等を生み出すのかもしれない。こうした不平等は、民族的な憤りや社会的不公正ばかりではなく、多くの国際紛争を煽ってきた。こうした意味において、国境は、「歴史の傷痕」を表しているのである。それは、風景における物理的な傷痕に加えて、様々な人間の精神の中にある象徴的で隠喩的な傷痕でもある。

マイノリティの領域に関する多くの異なる形態は、国家形成のプロセスに伴って生じた様々な文化的、経済的、および政治的条件に起因してきた。国内にある他国の飛び地(enclaves)と国外にある自国の飛び地(exclaves)が、良い例である。前者は、他の国家の領土に完全に囲まれたある国家の一部である。それとは対照的に、後者は、その飛び地以外の国家の領域と国境を接していないある国家に属している飛び地のことである。国外にある自国の飛び地の大半は、他の国家の内部にある飛び地でもある。こうした定義の例外は、他の国家に完全に囲まれていない国外の飛び地(例えば、スペインの飛び地である北アフリカ海岸のセウタ)、あるいは他の国家に属していない国内の飛び地(イタリア内部におけるサンマリノ)であろう。

国内にある他国の飛び地と国外にある自国の飛び地は、典型的な「歴史の傷痕」であり、隣接国家の住民との間で激しい感情を呼び起こすことがしばしばである。二〇一〇年にキルギス共和国(クルグズスタン)南部で起きた衝突は、そのような一触即発の緊張状態の主たる例である。しかしながら、領域の構造がその衝突の原因ではないと認識することが重要である。むしろ、暴力と緊張は、特定の条件や状況に起因する。政治同盟、政府の不安定さ、経済的困難、そして隣接国家による地政学的なてこ入れが、ウズベキスタンの飛び地とキルギス共和国が衝突した原因の根本にあった。このように述べると、こうした国内の飛び地/国外の飛び地の境界の特異性を否定することはできない。

旧ソ連邦における多くの境界のように、キルギス共和国内にあるウズベキスタンの飛び地は、多民族の専制帝国から連合を形成しようとしたヨシフ・スターリン（Joseph Stalin）の特異な試みから生じている。ロシア人、ウクライナ人、ウズベク人のように、一五の大規模な民族集団は、ソ連邦内部に共和国を与えられた一方で、カラカルパク人、タタール人、アブハズ人、チェチェン人、および他の多くの民族を含む小規模な民族集団は、他の民族の共和国内部に自治区を与えられたのである。ソ連邦はかなり中央集権的であったために、こうした境界は主として象徴的なものであり、比較的問題はなかった。共和国の境界が国境になり、自治区が大いなる政治的重要性を獲得したために、こうした状況はソ連邦の崩壊後に変化したのである。ナゴルノ・カラバフをめぐるアルメニア人とアゼルバイジャン人の壮絶な戦い、南オセチアとアブハジア自治共和国をめぐるグルジア紛争、そしてチェチェン共和国とロシアとの繰り返される衝突が、続発した事例を提示している。同様の緊張状態が、今日の中国におけるウイグルやチベットの自治区において生み出されつつある。

しかしながら、民族自治区は、社会主義国家に特有のことではない。アメリカは、先住民族の多くに対する居留地システムをもっている。こうした約三一〇にのぼる居留地エリアは、アメリカの二六の異なる州に存在する。これらのエリアは、特別な管轄権を有している。居留地での軽犯罪は、限られた量刑能力をもつ部族による会議や裁判において判決が下される。重大犯罪は、連邦の捜査当局者によって取り調べられ、連邦の裁判所によって判決が下される。賭博は、居留地の特別な管轄権による最もよく知られた帰結である。一九八〇年代までに、賭博は、ネバダ、ニュージャージーのアトランティック・シティ、そして川船の船上でのみ法的に認められていたが、アメリカ先住民は、それ以降、カジノを建設する特別な部族的主権を勝ち取ってきたのである。賭博収益の分配に関してはかなりの議論があるが、「ツーリスト」を居留地に呼び寄せた収入は、こうした民族的な飛び地に共通する過度に低い生活水準に抗う希望となった。

アメリカ先住民の居留地は、国民から構成される政府と世界中の先住民との間にある複雑な関係の一例にすぎない。明らかなのは、国境と、国民、民族、宗教、言語のコミュニティが、お互い直接的に結び付いてきたことはほとんどなかったということである。しかし、グローバル・テロリズムや移民という新しい現実に対応して、多くの国家は、領域主権を再び主張する試みの中で国境を強化し、文化的純血性と政府が決定した忠誠心に賛意を示すような環境を作り出すようにしてきている。そのような試みは、二一世紀における安全保障の重要性に触れているが、グローバル化によって、安全保障は一連のトランスナショナルな争点とプロセスに、より一層関連するようになっている。こうしたことを認識すれば、真に安全で利益を得ようとする国家にとっては、より国際主義的で脱領域的な戦略を採用する必要があるだろうということを示唆する研究者もいる。

段階付けられた主権と分離された主権

多国籍の企業、組織、慣行の重要性が増大することによって、一部の国家は、ネオリベラル、グローバル、および経済的なネットワークを促進する国家より下位レベルでの新しい境界付けを行うことを余儀なくされた。結果として、経済、社会、そして領域のいずれかの部分に対する主権は、国家から、超国家、グローバル、あるいは民間の実体へと移行しているように見える。こうした移行は、国境、統治者、および被統治者間の関係を劇的に再編している。

そうした再編は、「段階付けられた主権(graduated sovereignty)」という考え方の中に明らかに見てとれるのであり、それは、国家の人口、あるいは領域の部分に応じて対応が異なるとされる。経済特区(SEZs)は、国家が自発的に特定空間に対するその権限を制限してきた、そうした新しい境界付けの例といえる。(自由貿易ゾーン、輸出加工ゾーン、自由経済ゾーンとも呼ばれる)SEZsは、海外投資を引き付け、成長を加速させたいために、国家の他の場所よりも自由主義的で緩やかな経済的規制の影響を受ける、国家より下位レベルにある地区である。それらは、技術的革新ゾーン、産業パーク、および観光区にまで多岐にわたる。こうした違いがあるにもかかわらず、それぞれは、絶対的な領域主権という概念に異議を投げかけ、国境と国内にある境界の区別を曖昧にする。SEZsは、途上国のあらゆる場所で見られる。例えば、インドは、約二二〇の機能しているSEZsを有しており、二〇一二年までにさらに二八〇のSEZsを計画している。

こうした主権の再編成に求められる独特の境界付けは、先進国でも見られる。アメリカにおける州政府は、顕著な税の軽減や他のインセンティブを与えることによって、BMW、ホンダ、あるいはトヨタのような海外企業を誘致してきた。州政府と海外企業のこうした関係を扱った研究が示してきたことは、以下のことである。すなわち、多くの企業は、地元に根付いたビジネスよりもかなり低い地租、建築税、設備税しか支払わないことがよくあるということである。

マレーシア政府は、経済発展を誘発するために同様のアプローチをとった。企業家階級や海外の投資家に対して、特別に有利な待遇を与えることに加えて、マレーシア政府は、労働者が組合を作る能力を制限し、輸出志向産業においては強制労働を認めたのである。このことによって、単純労働には厳しく管理を行うが、ビジネスや投資には最低限の規制しか課さない多層的なシステムが出来上がったのである。国家主権を経済的利益に従属させるそうした取り組みは、権力、および厳格に領域化された国家当局との間にある不一致の広がりを示唆している。

主権の超領域的、あるいは分離された発現形態(国家管轄権の認められた範囲を越えた場所への支配)は、例外的な境界付けのもうひとつの事例である。分離された主権(detached sovereignties)は、空港における経由地、大使館、および海上の船のようなものを含んでいる。国家からは分離されているが、それぞれは、程度の差こそあれ、そうした国家の画定された主権の領域として機能する。特別な収容施設ばかりではなく、移民・難民センターが、国家当局の超領域的な場所を構成することはしばしばあるが、これは法執行と正義の空間的な基礎にさらなる挑戦を投げかけている。

キューバにある米国海軍のグアンタナモ基地（GITMO）は、疑いなく、こうした超領域的な場所の最も知られた事例である。一九世紀後半から二〇世紀前半にかけてのアメリカの拡大は、アメリカ合衆国憲法の及ぶ領域的範囲に関する問題を提起した。当初は、「アメリカ合衆国にのみ」限定されていたが、一九〇一年における連邦最高裁判決は、アメリカによって統治され、国家になることを目指していない海外の領土に住む市民にまで、それまで制限されていた憲法上の権利を拡大した。第二次世界大戦中に、完全な憲法上の権利は、本国だけではなく、アメリカによって統治された領土にいるアメリカ市民へと拡大された（例えば、海外の軍事基地）。しかしながら、そうした領土にいる外国人には適用されなかった。

このことは、GITMOがキューバから「租借した」海外領土であるために、外国人に対しては本質的に「法の及ばない」ゾーンであったという、ジョージ・W・ブッシュ（George W. Bush）政権が行う主張の根拠を提示した。ジュネーブ条約ばかりではなく、自由に対する権利、公正な裁判、および人身保護令状は、不適用であるとされた。それゆえに、その基地は、テロとの戦いにおいて容疑にかけられた「敵性戦闘員」の収容所として理想的に機能した。アメリカ連邦最高裁はこうした主張を二度ほど退け、二〇〇九年にバラク・オバマ（Barack Obama）大統領は、この収容所を閉鎖し、イリノイ州における刑務所に収容者を移送することを命じた。しかしながら、二〇一一年までに連邦議会は、GITMOの収容者の本国や外国への移送を禁じる法的措置に同意することによって、この命令に対して反対したのであった。このことは、収容所施設の閉鎖を事実上ストップさせ、収容者の運命をいまだに不安定にさせているのである。

GITMOの地位をめぐって議論はあるが、超領域的な管轄区域という概念は、積極的な意味合いをもつこともある。これらは、戦犯、ジェノサイド、および本国の外で行われた他の人道に対する犯罪を訴追する国際刑事裁判所(ICC)の権力を含んでいる。しかし、申し立てられた国際犯罪を訴追する能力は、いまだに主権国家の協力にかかっている。結果として、訴追された犯罪人は、サウジアラビアがチュニジアの独裁者であったザイン・アル＝アービディーン・ベン・アリー(Zine el-Abidine Ben Ali)に罪人庇護権を与えたように、犯罪人に同情する国家の中に保護される場所を見出すことができる。チリのアウグスト・ピノチェト(Augusto Pinochet)やリベリアのチャールズ・テイラー(Charles Taylor)のような独裁者の逮捕は、超領域的な正義の積極的な活用を表しているが、「引き渡し」に関連した行為(拷問を行う国家による人間の拉致と、そうした国家への移送)は、深刻な倫理的問題を提起し、乱用に関する顕著な可能性が明らかになる。

出現する国境地域《ボーダーランズ》

伝統的に、地図上に固定された黒のラインとして描かれる国境は、最終的な状態や永続性という印象を与える。しかし、およそ一九〇の国家を分割する約三〇八の陸続きの国境のかなりの部分は、いまだに画定されていない。空域や海域をも考慮すれば、広大な新しい国境地域が出現する。国家や他のアクターがこうした新しい領域をめぐる主権的統治を交渉するにつれて、新しい思考が必要となってくる。一六〇〇の海洋国境が現在画定されているが、約二七〇〇のこうした国境が未画定のままである。潜在的な海洋国境の三分の一だけが明確に画定されているという事実は、国家がどの程度海洋に対する排他的主権を主張しているかについての何世紀も続く議論を反映している。

一七世紀の大砲の届く範囲で当初決定された国家の領海は、海岸から三海里に設定された。こうしたかなり緩やかな標準は、三海里の海岸ゾーンを越えたあらゆる海域を、海洋の自由(mare liberum)、すなわち「公海自由(Freedom of the Seas)」の原則の影響を受ける国際水域と捉えていた。いかなる国家の主権的統治の外部にある公海は、依然として近代世界における最後の辺境のままである。それにもかかわらず、二〇世紀初めには、鉱物資源、魚種資源、および汚染防止への国家の関心は、領海の範囲に関する様々な定義に触媒作用を及ぼした。一九四五年にハリー・トルーマン(Harry Truman)大統領が行った、国土の自然な拡大としての大陸棚に関する宣言は、のちの海底資源開発の先例を作った。

海洋主権の及ぶ一二海里のゾーンを選択する国家もあれば、海岸の干潮線から二〇〇海里離れて伸びる「排他的経済水域(EEZs)」を主張する国家もある。一九七三年から一九八二年にかけて開催された国連海洋法会議は、EEZsや大陸棚に関する海洋主権、航海および通行手続き、深海底採掘、海洋環境の保護、探査、研究、そして紛争解決に関する規定を導入した。一九八二年に採択され、一九九四年に発効した海洋法に関する国際連合条約（UNCLOS）は、とりわけ国家が海底に眠る石油や天然ガス資源を開発するにつれて、増大する圧力を受けてきた。ひとつの事例は、アメリカとキューバとの間にあるフロリダ海峡の海洋掘削に関する論争の中に見出される。

アメリカは、現在、フロリダ海峡の一部を掘削することを禁じている。それとは対照的に、二〇〇二年以降、キューバは、フロリダ海峡の一部とメキシコ湾内部におけるいくつかの賃貸借契約を海外の石油会社との間で結んだ。アメリカが領海を閉鎖している間に中国はキューバの領海を掘削していると、ディック・チェイニー（Dick Cheney）副大統領が主張した二〇〇八年に論争が大きくなった。実際には、中国は、キューバ沖合での掘削契約の保持者ではない。スペイン、ノルウェー、インド、マレーシア、ベネズエラ、ベトナム、そしてブラジルに本拠を置く石油・ガス会社がこうした権利を有しており、資源開発に従事している。二〇一〇年に、オバマ大統領は、価値ある資源の鉱脈を失う恐怖にかられて、新しい石油・ガス開発のために東部の海底とメキシコ湾岸東部の一部を開放することを提案したのだった。アメリカ側のフロリダ海峡における掘削はいまだに禁じられているが、海底資源をめぐる競合は、経済大国のグローバルな均衡において、明らかに重要性を増す要因となっている。

南シナ海における海洋権益をめぐる競合は、より深刻な国際問題になる恐れがあった。この海域は、世界で最も通航量の多いルートのひとつであることに加えて、とても豊かな漁場でもある。さらに、

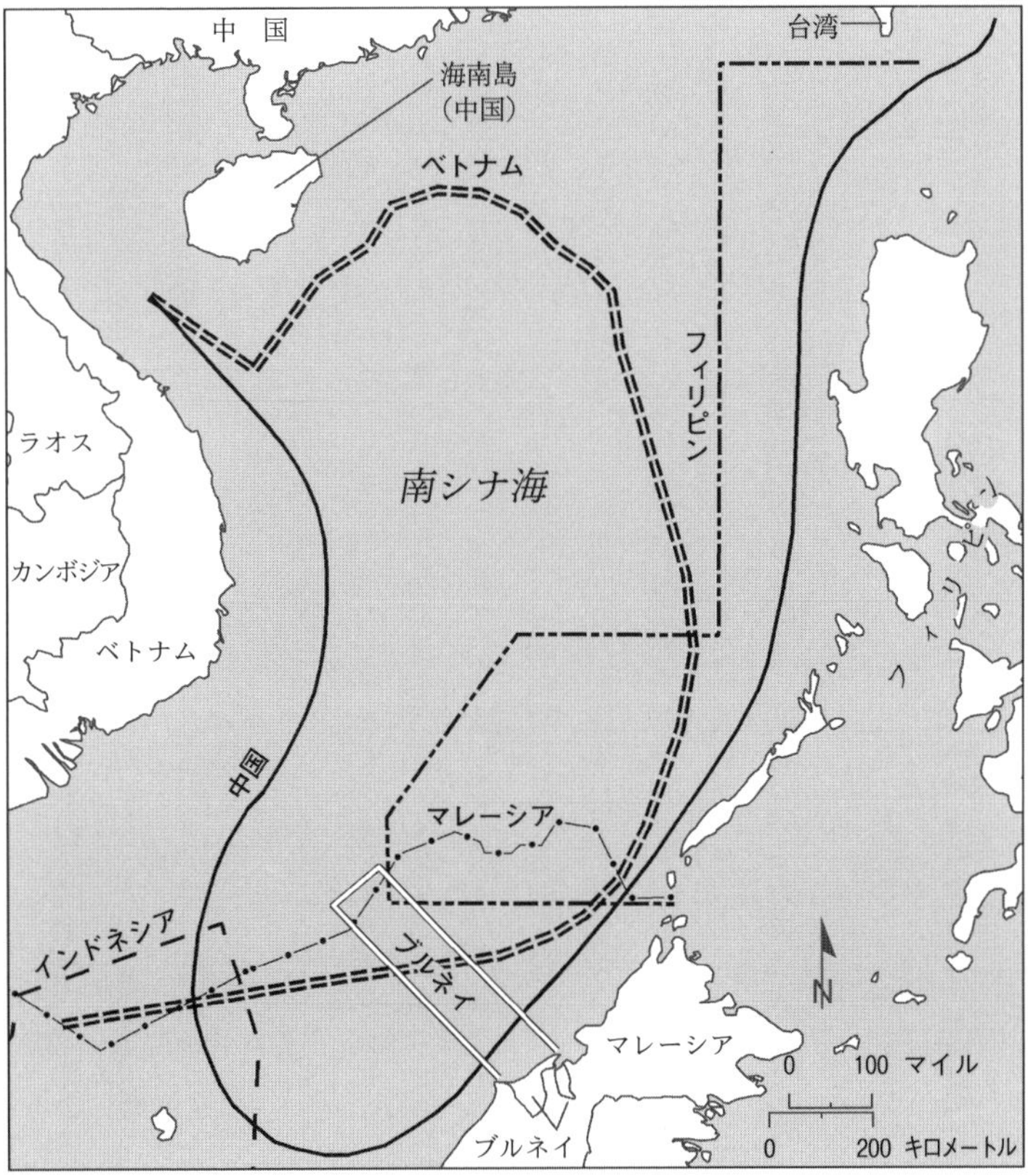

図6　南シナ海における海洋権益の主張

石油と天然ガスの探査によって、主要な海底鉱脈を掘り当てられる可能性が明らかになり、商業的・戦略的利益をかなり高めた。結果として、海洋権益を主張する国々、とりわけ中国と南シナ海の沿岸諸国との間で、激しい論争と断続的な小競り合いが続いてきたのである。そして、インド海軍やアメリカ海軍の艦船、商業や科学研究のための船舶の進出によって、問題はさらに複雑になった。

さらなる海洋権益をめぐる論争は、北極海において巻き起こった。なぜならば、氷河の着実な後退が探査や商業利益のためにその地域を開放させ、戦略的重要性が変化したからである。北半球の多くの地点を結ぶ航海ルートを短くすることに加えて、ますます氷が消えている北極海は、疑いもなく主要な商業漁場になるだろうし、最初の探査は、海底に潜む重要な石油とガスの鉱脈に向けられたのである。この問題は、二〇〇七年に国際的に有名になった。その年に、ロシアによる探査は、ロシアの主権領域の拡大としての地域とその資源の権利を要求し、北極点の海底にロシア国旗を立てるために潜水艇を用いたのであった。北極海に隣接する他の国家は、海底を調査する遠征をすぐに開始し、その地域における海軍力を強化した。いくつかの国家は、UNCLOSに基づく正式な「大陸棚」に関する権利要求を行ったが、北極海の主権に関する問題はいまだに解決していない。

空域の画定もまた技術的進歩とともに変化してきたのであり、領域主権という概念を空に向かって拡張することができるのかどうかという根本的な問いが提起される。空域の管理は、一般的に、陸域の主権と一致し、「カーマン・ライン」(海抜高度一〇〇キロメートルに引かれた仮想上のラインであり、これを超えると宇宙空間、この高度以下は地球の大気圏）にまで拡張される。それは、航空フライトの一般的な上限を示している。こうした空間を管理することは、空の旅が到来する前には意味をなさなかったが、国営航空会社がモダニティのシンボルとなり、国家が強力に空域に対する権利を保護するにつれて、実体的にもシンボル的にもますます重要性を増していったのである。しかしながら、一九六〇年代以降の空の旅の規制緩和と国際民間航空機関（ＩＣＡＯ）の発展によって、国家が、国営航空会社と空域を保護することにおいて、あまり強く主張することはなくなった。この超国家的組織と国境を越えた調整は、とりわけ国境と接する空港にとって必要不可欠である。しかしながら、ＩＣＡＯは、国家間の調停者として機能しているにすぎない。国家こそが、その領土の上にある空に対する主権を保持しているのである。

それゆえに、空域の主権は、地政学的な重要性をもち続けている。政府は、メッセージを送る手段として空域における実力行使とその侵犯を、定期的に用いてきた。例えば、ロシアはリトアニアの空域を侵犯することによって、モスクワがそのカリーニングラードの飛び地を維持していくという揺ぎない決意を示している。フランスは、一九八六年のリビア空爆の際に、アメリカの戦闘機がフランスの領空通過を拒否することによって、パリがそれを認めないということを世界に対して示したのであった。今日では、空域国境の安全に関する地政学的な妥当性は、ミサイル防衛システム、レーダー監視、そして衛星技術によって高められている。

最後の辺境（フロンティア）として婉曲的に述べられる宇宙空間は、一九五七年にソ連邦の衛星が初めて軌道に乗った後に、明らかな地政学的な重要性を獲得した。このことは、一九六七年の宇宙条約に結実し、そこでは、宇宙空間、月、そして他の天体を、国家主権の主張が及ばない「全人類の領域（the province of all mankind）」として宣言した。条約は、国家が核兵器と他の大量破壊兵器を、宇宙空間のいかなる場所にも配置しないことを定めている。月や他の天体に軍事基地を建設し、軍事活動を行うことも明確に禁じている。注目すべきことに、条約は、通常兵器の配備や使用に関しては、地球あるいは月の軌道に乗せたり、あるいは単に宇宙空間を浮遊させることを禁じていない。このことが、一九八〇年代のアメリカの戦略防衛構想、すなわち「スターウォーズ」計画への道を切り開くことになったが、それは、宇宙空間に対する事実上のアメリカの主権が差し迫っているという大きな懸念を引き起こした。スターウォーズ計画は決して実現することはなかったが、アメリカ、ロシア、および中国が、まさに必要とあれば、敵の衛星を破壊することのできる地上配置型の兵器システムを現在保有している。

空間それ自体は、国家主権の主張の影響を受けないが、宇宙条約は、衛星や他の宇宙船を、海上における船舶や外国にある大使館のように、国家主権の重要性を伝えるものとして捉えている。衛星や遠隔測定技術の進歩は、グローバルなメディア関連の巨大複合企業を通じた瞬時のニュースの伝達から、インターネットを通じた地球表面の多くのクリアな空撮画像の有用性に至るまで、国境を越えた様々な商業的・文化的な応用可能性を広げてきた。衛星は、国境を越えた監視に関して、明らかな戦略的な応用可能性をもっている。カーマン・ラインより下は国家の空域を侵犯するが、衛星はそのラインより上の軌道を回る。そのために、詳細な空からの画像は、主権を侵害することなしに得ることができるのである。われわれの知る限り、衛星それ自体は兵器化されてこなかったが、いまだに軍事的な意味合いを帯びている。アメリカの全地球測位システム（GPS）は、増え続けるドライバーやハイキングする人に対してばかりではなく、航空機や船舶に対しても位置情報を提供するために、対地同期軌道の衛星ネットワークに依拠している。GPSはまた、巡航ミサイルや他の精密誘導兵器のためのかなり精確な標的情報を提供することによって、アメリカ軍に対して大きな優位性を与えている。欧州連合、ロシア、中国、およびインドは、現在、彼ら自身のGPSの能力を発展させ、あるいは改良させるために取り組んでいる。空域、海域、および宇宙空間からの事例が強調しているのは、いかに領域、主権、および国境へのアプローチが、新しい技術、商業的な可能性、そして地政学的な関心事に対応して進化し続けているのかということである。

第5章 境界を越える

人々は、前例のないほど、頻繁かつ大量に国境を含む境界を越えている。しかし、境界を越えるプロセスと経験は、かなり多様である。シンプルな標識だけに従って境界を越え、あるいは簡単な身元チェックで越えることのできる境界もあれば、様々な文書の呈示を求められたり、所持品の入念なチェックを伴って境界を越える場合もある。こうした様々な形で境界を越えることによって、異なる境界地域《ボーダーランズ》や通過ゾーンを生み出し、二つかそれ以上の領域と遭遇することに結び付く。多様性が享受され、それが歓迎される環境を提供している境界地域もある一方で、緊張と敵意を伴う厄介なゾーンとしての境界地域も存在する。

移民と難民

多くの現代の社会理論家が示唆しているのは、境界を越えることが身近になるプロセスによって、帰属という社会的カテゴリー、とりわけ市民権という概念が再形成されているということである。こうした議論は、移民、被追放者、および難民といった用語から一般的に連想される否定的な含意と、コスモポリタン、ジェットセッター〔飛行機で世界中を飛び回る人〕、およびグローバル・シチズンという、より肯定的な用語とを対比させる。後者のカテゴリーは、相互作用と接続性という新しい空間の出現を意味している。そこでは、硬直した社会空間システムの超越を可能とし、自由で、自己管理が可能で、みずから起業できるような個人を生み出すであろう。そうした見方は、インサイダーやアウトサイダー、および内包や排除のプロセスといったカテゴリーの可変性を示すことによって、一般的に疑われることのなかった市民権や忠誠心という概念に関するわれわれの理解に特別な意味合いをもたせるのである。それにもかかわらず、こうした性質の二分法的思考は、依然として存在しており、個別の人間の身体を境界や国境の場として見なすことからも明らかなように、世界にますます広まりつつある。

例えば、外交特権という考え方は、国民国家システムに由来しているが、移動可能な主権のひとつの形態として機能しており、そこでは主として外交官を、実体的に居住している国家の法的管轄権から免除する。こうした個人は、文字通りかつ比喩的にも、本国の主権を、接受国の管轄区域に移し替えているのである。外交官は、他の国には「いる(in)」が、その国「の(of)」個人ではないのであり、外交官自体は、概して接受国の責任と制限から除外されている。観光ビザ、就業ビザ、および教育ビザは、外交特権と同様の明示形態として呈示され、身体を主権の空間として枠組み付けることによって、移動可能な市民権と国民的アイデンティティを達成する。

外交官特権、あるいは一定の領域の中でツーリストの存在を認めることになるビザとは対照的に、不法移民の身体は、主権の侵害と、拘束や追放を通じた国境の取り締まりが行われる場そのものである。不法移民が直面する困難とは、他の人々が比較的容易に国境を越えられることとは極端な対照をなす。例えば、専門的な技能を有する人々が、国境は多孔的であると認識することはよくあるが、未熟練労働者が移動する際には、一般的に、かなりの抵抗に直面することになる。移民の権利を憂慮する人々にとって、国境は脆弱性をもった厄介な場を構成しているのである。不法移民は、極限的なリスクに直面していることは明らかであるが、国境を越える際にはいつも、強奪、搾取、そして虐待に遭うという潜在性があると言えよう。研究者や人権擁護活動家にとって、苛酷な移民政策の厳格な執行は人間の尊厳を侵害し、非倫理的な行為である。福祉、ヘルスケア、法執行、教育、および他の社会サービスのコストを考えれば、大半の政府は、国家からの給付に制限を与えることは、社会を機能させる上で必要であると反論するだろう。

ロシアは、そうした移民をめぐる議論の代表例のひとつである。ソ連邦の崩壊以降、ロシアは、「移民を引き付けるマグネット」として出現した。合法および不法移民が、アフリカから東アジアに至る国々からロシアに押し寄せた。さらなる移民が、独立国家共同体内部からも流入している。移民の法的地位は、旧ソ連邦諸国であればビザ免除で行き来できるという合意のために不安定なのである。

ロシアにおける不法移民のコンセンサス予想値は、現在、三〇〇万人から三五〇万人の間であるが、もっともらしい推定は、六〇〇万人にものぼる。移民の中には、単にロシアを欧州連合へと向かう際の経由地点と見なす者もいるが、ロシアを「機会の土地」と考えている移民もいる。それにもかかわらず、移民人口は深刻な障害に直面している。なぜならば、六〇%以上のロシア人が、「ロシアはロシア民族のためのものだ」というスローガンを支持しているからである。難民の地位などほとんど何も認められておらず、多くの移民は、働く権利や社会サービスへのアクセスを拒否されており、移民に対する民族的に鼓舞された暴力の発生割合が上昇している。しかし、人口の分布割合が、移民制限政策を緩和する驚くべき実態を表している。ロシアにおける最も有能な人材の一部の西欧諸国への「頭脳流出」と、ロシアの「高齢化」が結びつくことによって、社会の中での一部(大半が社会的リベラル)が、「その代わりを担う移民」、すなわち、ロシアの人口減少と高齢化を相殺する移民を支持することにつながったのである。これまでのところでは、移民反対の勢力は、「外国人」が犯罪に過度に染まり、ロシア文化の純血性を侵食すると声高に主張することによって、そうした議論においては一般的に有利な立場にいる。

移民制限に関する激しい議論は、カナダ、アメリカ、オーストラリア、日本、そしてヨーロッパ全体でも見られるようになった。例えば、アフリカからヨーロッパへやってくる移民を制限しようとする近年の取り組みは、ヨーロッパとアフリカを隔てる海域パトロールを増やすばかりではなく、スペイン南部の国境に沿って新しい砦を建設することも伴ってきた。こうした具体的な行動は、スペイン

図7　2011年にスーダンのダルフール難民キャンプで子どもたちと挨拶を交わすタイからの国連平和維持要員

／ヨーロッパのアイデンティティ対モロッコ／アフリカのアイデンティティという象徴的な対比と一体となっている。こうした取り組みが明らかにしているのは、いかに国境が地図上のライン、あるいは風景における場所以上のものであり、むしろ、国境は排除、疎外、および差異という(人によっては)変更可能なプロセスを構成しているということである。「歓迎される者」対「歓迎されざる者」というカテゴリー的な定義は、国境で区切られた現実に関連する特定の要素に左右されることがしばしばである。

難民という概念そのものが、ひとつの例を提示している。国連は、難民を、「人種、宗教、国籍もしくは特定の社会的集団の構成員であることまたは政治的意見を理由に迫害を受けるおそれがあるという十分に理由のある恐怖を有する」ために国境を越える人々、と定義している。それゆえに、難民の地位は、その市民権をもつ国の外部にいて、その国家の法システムの保護に頼ることができないか、あるいは頼りたくないという状態に明らかに左右される。結果として、難民は庇護を受ける権利があり、本国に送還される可能性なく外国に留まる権利を有していると言える。このことが強調しているのは、国境を越える人々には異なった対応がなされているという厳しい現実である。難民の地位は、共産主義者や宗教的な独裁者の抑圧から逃れる人々には適用されるが、貧困や環境の悪化から逃れる経済的な移民は、こうした権利の恩恵には浴せないのである。

市民と非市民、移民と難民、および自発的移民と非自発的移民との間にあるそうした社会的・法的な差異は、「適切な場所にいる」人々と「そうでない」人々との帰属に関する地理的なカテゴリーを構成している。国境は、こうした差異を制度化し、それに対応してどこに差異が地理的に位置づけられているのかを明示する際に中心的な役割を果たす。しかし、アイデンティティが、国境によって完全に包摂されることはないのである。

国境を越えるアイデンティティとコミュニティ

移民研究は、ヨーロッパからアメリカへ渡る移民のように、人々が新天地における定住先へ一方向的に移動することを伝統的に強調してきた。しかしながら、今日では、国家間での循環、帰還、および季節移民のパターンがますます当たり前のようになってきたのである。そうした移民は、生涯のうちで、あるいはある年のどこかで、様々な形で国境を越えることになる。コミュニケーションや運輸技術の進展と一体化する形で、こうした循環する移民のパターンは、以前にも増して、空間的に散在する集団間での濃密な社会的ネットワークの形成を可能にしている。こうした新しい移民のパターンは、顕著な経済的、文化的、政治的、および社会的変化を伴い、「送出先」コミュニティと「受け入れ先」コミュニティとの区別を曖昧にしている。

こうした「トランスナショナルな社会フィールド(transnational social fields)」(移民が出身国と定住国双方の間に多様な社会的関係を維持、もしくは強化しようとする場)は、伝統的な国民国家システムを超えた集合行為を促進するために組織化される。ハイブリッドなアイデンティティという考えは、民族的な遺産が現在の国家への帰属(例えば、アイルランド系アメリカ人、韓国系カザフスタン人など)の基礎に付着しており、今日ではかなり普通に見られるようになっている。大抵の場合、そうした構築物はありふれており、個別性意識を高める際に機能するにすぎない。他の例では、(いつかは帰還する望みをもちながら、みずからの祖国の国境を越えて居住している民族集団として通常定義される)ディアスポラが、その祖国における国内的な議論にますます影響を及ぼすことが可能になり、かつ祖国のエリートがディアスポラをうまく動員できるようになるにつれて、主権という概念が大いに試されているのである。現在のトランスナショナルな社会フィールドのもつ見かけ上の持続性は、多くの散在する集団がみずからの歴史上の祖国に帰還することに最低限の関心しか示さないなかで、ディアスポラに関するその定義自体に疑問を投げかけている。その代わりとして、ディアスポラは、「どちらかの」というよりもむしろ、「両方の」国家への帰属の地位を構成するハイブリッドなアイデンティティを選択しているのである。

そうした社会フィールドの例は、アメリカの「ユダヤ系ロビー」、フランスにおけるアルジェリア系住民、ドイツにおけるトルコ系「出稼ぎ労働者」、そして多くの国で見られるアルメニア系のディアスポラ・コミュニティのような一際目立つ集団を含んでいる。他の多くの集団の中でもとりわけ、ロシアにおけるタジク人の労働移民、アフリカにおけるレバノン人の商人集団、オーストラリアにおいて増大するアジア系コミュニティのように、公にあまり知られていない集団は、かなり異なった社会経済的、政治的、および文化的状況における事例研究を提示している。個々の事例において、政治的影響力、文化的注入力、および経済的送金が、送出先社会および受け入れ先社会の双方に影響を及ぼしてきたのである。こうした結び付きが依存状態を生み出し、新しい場所と人々に力を付与したのである。

トランスナショナルな社会フィールドの増大する影響力は、ソ連邦の崩壊以降、とりわけ中央ユーラシア全体で明らかとなった。例えば、ディアスポラのネットワークは、対内的にも対外的にも、アルメニアのエリートにとってとくに重要になった。アルメニア系移民の中には、国民意識がかなり高い者も存在したのであり、ソ連邦が崩壊したときに形成され、新しく独立したアルメニア国家に帰還することを望んだ移民もいた。こうしたディアスポラ・コミュニティにおける他のアルメニア系移民の中には、外国における新しい場所に定住する者もいた。結果として、汎アルメニア国民運動のようなディアスポラ組織は、送金の流れの管理、開発プログラムの策定、教育交流の促進、文化移転の調整のために設立された。こうした集団の成功を見て、中央ユーラシアの他の新しく独立した国家は、それぞれのディアスポラによるアウトリーチ組織を作り、それぞれは、散在するコミュニティの間で、何らかのレベルでの国民的な紐帯を利用していた。ほんの数例を挙げれば、世界アゼルバイジャン会議、世界カザフスタン連盟、クリミア・タタール人国民会議がある。

他の途上地域と同じように、そうした国境を越えた結び付きは、とりわけ、「帰還移民」が目的ではないときに、トランスナショナリズムに関する国家の寛容に関して重要な問題を提起する。これらの事例における「祖国の拡張」は、散在した人々にとって、財産を所有し、プログラムを支援し、教育を受ける機会を提示するのであり、その祖国内部での市民権の責任を実際に移動させることなく、あるいはその責任を負うことなく、歴史上の祖国の文化を利用していると描かれるのである。そのようなプロセスは、イスラーム教徒が欧米諸国において差別に直面し、地政学的な関係が「対テロ戦争」における様々な立場をとる政府間で緊張関係を帯びるにつれて、ポスト9・11以後の世界において複雑さを極めている。現代の国際システムの中で散らばった人々の多様な役割を考えれば、ディアスポラは、以前に比べてますます大きな政治的影響力をもつようになっていると言える。

南アジアにおける大英帝国の歴史的遺産は、インドやパキスタンからイギリスへやってくる移民の絶え間のない流入によって引き起こされるトランスナショナルな社会フィールドを通じて引き継がれている。バランスシートの正の面では、こうした移民の流れは、すでにあるコスモポリタンな文化的風景にさらなる層を付け加えるばかりではなく、イギリス社会に貢献しうる言語能力や文化的親和性をもつ貴重な労働資源を提供している。しかしながら、バランスシートの負の側面を見れば、インドとパキスタンとの間に見られるポスト植民地主義的な対立や地政学的な緊張は、それぞれの移民コミュニティの中で再生産されてきた。この場合、ポスト植民地主義的な移民は、既存の人種主義／極端な愛国主義を広め、インドとパキスタンとの間の国境をめぐる緊張状態をイギリスの都市に持ち込むことを手助けしてきた。このことが強調しているのは、新しい都市の境界、あるいは国家より下位レベルにある境界が、いかに個人や集団の内部に持ち込まれたアイデンティティからその意味を得ているのかということを理解することの重要性である。それはまた、境界・国境の透過性の価値に関して重要な問題を提起する。実際には、境界・国境を越えることによって、国家、州、自治体に対して大きな便益をもたらす可能性が潜在的にはあるが、そうしたことはまた、様々な形態での社会経済的不公正や暴力までも再生産する潜在的可能性も有しているということである。

反乱者とテロリスト

戦争とは、一九八〇年代のイラン・イラク戦争や、イギリスとアルゼンチンとの間で勃発したフォークランド紛争のように、二つの主権国家間で起こる軍事的対立であると理解されてきた。しかし、現代における大半の戦争は、多くの国家や様々な非国家的戦闘員を伴って遂行されてきた。戦争には、国際法や国際規範を侵害したと判断される体制に対して起こす、国家間での大規模な同盟や連合を伴うものもある。こうしたタイプの動きは、国際社会によって一般的に承認されている。一九九〇－九一年にかけて行われた湾岸戦争の際に国連が承認した連合軍のように、アフガニスタンとリビアにおけるＮＡＴＯ主導型の作戦は、最近見られた二つの事例である。二〇〇三年におけるアメリカ主導型のイラクへの侵攻や、コンゴ民主共和国への度重なる他国の侵入のように、国際的な制裁なしに軍事作戦を開始した国家の対立もある。

こうした大規模な軍事作戦のもつ劇的な性質にもかかわらず、現代の紛争は、非国家的戦闘員が小規模に国境を越える可能性が高い。よくあることであるが、これらは、ひとつの国家内部に限定されたように見える紛争の一部である。内戦、内部抗争、そして国内紛争を成立させる条件は、一般的には、競合する集団間、通常は国境内部での政府と反政府集団との間に暴力が生じるときである。だが、こうした紛争が国内で発生するという性質は、誤解を招く。なぜならば、一九四五年以降に活発になった反政府集団の大多数は、自国の国境を越えて活動してきたからである。暗殺、爆撃、供給基地、訓練キャンプ、資金集めのネットワーク、および他の活動は、通常、近隣諸国、あるいは離れた国家にまで拡大している。

クルド労働者党（ＰＫＫ）は、多くの反政府運動がもつ国境を越えた性質を表している。ＰＫＫは、現代のトルコ領土からクルド人のための国家を切り開くために長期的な取り組みをしてきた。こうしたものの中には、トルコへの攻撃や、海外でのトルコの利益に対して向けられるものも含まれた。ＰＫＫは、クルド人のディアスポラ・コミュニティからの支援を受け、イラク北部やイランにおけるキャンプでその戦闘員を訓練してきた。アメリカがイラク北部に飛行禁止区域を設けたことは、迂闊にもＰＫＫの基地に聖域を与えることになったし、主要な緊張の源になってしまった。これに対応して、アメリカが二〇〇三年にイラクに侵攻する際に、トルコはアメリカにその領土の利用を認めなかったのである。それに続く形で、トルコは、ＰＫＫの脅威を食い止めるためにイラクの領空を侵犯し、二〇〇八年二月には八日間ではあるがイラクに侵攻したこともある。こうした例が示しているのは、広い国際的な文脈において、現代の「内」戦を理解する重要性である。現代の反乱、革命、そして分離運動が、完全に国内で起こることは稀なのである。大半のものが、何らかのタイプの国境を越えた活動を直接的に伴うのであり、それゆえに、内戦と国際紛争の区別を曖昧にしている。

（国境を越えるという意味では）同様に、グローバルなテロリスト・ネットワークは、国家の安全保障装置をうまく避けるために、国家をまたぐ形での資金集めやコミュニケーションに依存することによって、近代の国家システムの基本的前提を掘り崩している。テロリストは、その犯罪の範囲が特定の国境をはるかに越えることになるが、一般的には、常習犯と同じように国家の法システムにおいて訴追される。例えば、無実の人々を殺害するテロリストは、それが行われた国家における殺人罪で起訴されるだろう。しかし、そうした犯罪を起こすための準備は、海外にまで広がる可能性が高い。そうした個人は、異なった国、あるいはもしかするとインターネットという闇の空間で活動する組織によって行動を起こすように資金が供給され、またそのように命じられ／鼓舞されているかもしれない。こうした性質をもつ将来的な行動を防ぐ能力には、疑いなく、こうした犯罪が起こる国境を越えた行動が求められるだろう。皮肉にも、国家は、主権国家の国境を越える先制攻撃、あるいは報復攻撃に手をつけることによって国際規範をさらに傷つけることもよくある。そうした例として挙げられるのは、一九八〇年代から一九九〇年代にかけてアメリカが行ったリビア、スーダン、アフガニスタン、ボスニア、およびセルビアにおける標的への攻撃である。

アルカイーダは、現代のテロ集団の中でも最も悪名高き組織であることは明らかである。その実際の構成員はかなり小規模であるが、アルカイーダという「ブランド」は、現在、その大義に対する信頼性、可視性、および資金源を生み出すために、世界中の様々な宗教集団によって支持されている。こうしたテロリスト集団は、(国家とは異なり)祖国を守り、国境を警備するというよりは、国民国家システムの地政学的規範から分離した細胞集団なのである。こうした「非国家的アクター」の脱領域的な脅威によって、ジョージ・W・ブッシュ大統領は、テロというまさにその戦術に対して宣戦布告したのである。そうした戦争は、戦術そのものが降伏することがないように、世界史上でも珍しい。

アフガニスタンとパキスタンとの国境地域における対立が示しているのは、政府軍、反政府集団、国際的な連携、そしてテロリスト運動を通じて見える、対テロ戦争がもつ闘争と協調が織り成す複雑な性格なのである。アメリカ主導のＮＡＴＯ軍は、二〇〇一年以降、アルカイーダとそれに協力したアフガニスタンにおけるタリバーン政権と戦ってきたが、アルカイーダとタリバーン勢力の多くは、国境を越えてパキスタン北西部に逃れたにすぎない。そこはパキスタンの主権が及ぶ領土の一部であったが、これらの地域の現地部族は、かなりの自治権をもっていた。これらの部族指導者は、多くの民族的・文化的紐帯を共有していたために、一般的にはタリバーンに対して共感していた。こうした地域は、アルカイーダ／タリバーン勢力がアフガニスタンに戻ってゲリラ攻撃を開始し、あるいは海外でのテロ攻撃を準備するための聖地へとすぐに変貌した。アメリカ軍が国境を越えることは公式には禁じられていたが、それにもかかわらず、パキスタンの領空をパトロールし、遠く離れた場所から操縦された無人機による激しさを増したミサイル攻撃を開始し、公式にパキスタンの領空を侵犯した。こうした国境を越えた作戦が山場を迎えたのは、二〇一一年にアルカイーダのリーダーであるオサマ・ビン・ラディンを殺害した、アメリカ奇襲攻撃部隊のヘリコプターによるパキスタン奥部への侵入であった。人権擁護活動家、国際弁護士、そして国家安全保障の専門家は、ビン・ラディンの殺害作戦や無人機攻撃の道徳性や適法性について議論した。このことが強調しているのは、ある特定の集団、あるいは個人が反乱者なのか、それとも犯罪者なのかを区別し、決定するという主観的な性質である。そして、このことは、国境を越えた犯罪のもつ複雑さや、国家の領域を越えて広がる犯罪活動を禁じる取り組みに伴う様々な問題にも言及することになる。それにもかかわらず、アメリカは、イエメン、ソマリア、リビア、そしておそらく他国においても、内戦に対応する形での無人機攻撃計画を拡張させてきているように思われる。

犯罪者と警察

大半の国家の法システムは、属地主義に基づく管轄権限を有している。最高裁判所や下級裁判所など、様々な裁判所との間に引かれた境界は、一貫した効率的な法執行、犯罪者の処罰、犠牲者に対する賠償を確保する上で役立っている。それにもかかわらず、領域主権という概念、および管轄区域を画定する境界によって、国内外の犯罪活動に対する取り組みが妨げられていることがしばしばある。いくつかの基本的な規範を生み出し、執行する取り組みにもかかわらず、世界中の法システムや法執行は依然としてバラバラで多様であり、いくつかの地域では、ほぼ欠落しているところもある。

法システムが高度に集権化し、それゆえに、管轄権限がほとんど実際的な効果をもたない国家もあれば、脱集権化され、法執行が組織同士で相互連結した国家もある。これらには、犯罪行為を定義する法的思考の基礎、そうした基礎に由来する法を執行する警察システム、法を適用する裁判所システム、有罪判決を受けた犯罪者を処罰したり、あるいは矯正する施設が通常含まれる。例えば、アメリカでは、五〇の州が、個別の法典を作り、合衆国憲法や最高裁決定に従って個別の警察を維持する権利を有している。

人権に関する特定の普遍的権利と国際的な行動を履行する取り組みがあるにもかかわらず、国際システムは、警察、あるいは違反を判断し罪を決定する至高の権威を欠いている。その代わりとして、国際システムは、国境を越えた犯罪と闘う取り組みにおいて協調し、情報を共有するための国家の法執行機関に依存している。国際刑事警察機構（ＩＮＴＥＲＰＯＬ）や欧州刑事警察機構（ＥＵＲＯＰＯＬ）は、限定された権限をもつ様々な組織体を調整している。それらの役割は、伝統的に犯罪者の送還や捜査協力に焦点を合わせている。

議論がないわけではないが、過去二〇年間に、個々の国家は、犯罪のもつ国境を越える性質に鑑みて様々な新しい司法手続きを形成しようとしてきた。犯罪者の送還と捜査は、かつては国際刑事裁判の領域における主要な定期協力の中心であったが、新しい脅威とその拡大する性格に対応して、新しい政策、裁判所、および収容施設がどんどん出現してきている。例えば、アメリカは、ＦＢＩ（国内における法執行）、ＣＩＡ（対外情報活動）、および外国政府との間で共有する先例のないインテリジェンス活動に向けて動き出した。情報交換に関する個別の行為は、国内と海外で行われる治安活動のかつての法的区別を曖昧にしている。国土安全保障省は、それ自体、境界にまたがる組織である。その目的は、アメリカの国境がもつバリア／フィルターとしての機能を確保し、国家内部の境界を越えてベストな実践を行うための協力と実施を促進することである。

こうした取り組みにもかかわらず、国境を越えた犯罪は、依然として対象範囲も広く、禁じることが困難なままである。例えば、人身取引と密輸に関する様々な形態は、車両、ボート、航空機から、歩行者用のトンネル、遊歩道、川の浅瀬に至るまで、すべての考え得る交通形態を利用する地球上に広く行き渡った国境を越えた活動である。密輸されるものと密輸する手段の多様化によって、法執行がほぼ不可能に近い課題となってきている。海上での船舶は捜査するのは容易であるが、就役させている国家の主権領域として考えられている。アメリカからの情報提供に基づいて、スペイン海軍は、二〇〇二年、イエメンにスカッド・ミサイルを運ぶ国旗を掲げていない北朝鮮の貨物船を停船させた。当時の情勢としては、北朝鮮がテロ支援国家として指定され、イエメンはアメリカの同盟国ではあるが、政治的・民族的騒乱に見舞われていたときであった。武器移転を認めていなかったが、アメリカはしぶしぶその運搬を認めざるを得なかったのである。なぜならば、国際法に従えば、イエメンは通常兵器を法的に購入する権利をもつ主権国家であり、貨物船は北朝鮮の主権の所有物として考慮されたからであった。

武器の密輸には一般的に大規模な運搬手段が必要であるが、麻薬にはそれが必要ない。密輸人が「運び屋」、すなわち、国境での捜査を逃れるために、みずからの体の中に密輸品を取り込んだり、そうでなければ、隠したりする人々を利用するにつれて、個々人に対する小規模な捜査では、法執行官にとって非常に限界があることが分かってきた。麻薬取引は、アメリカ大陸全体の政府にとって、とりわけ厄介な問題である。北アメリカにおける違法麻薬の需要が喚起されることによって、麻薬カルテルは、国境取り締まり機関や、中央アメリカや南アメリカのいくつかの国家の領域主権にさえ、深刻な脅威をもたらしている。一九七〇年代初めに、コロンビアの麻薬カルテルは、コカイン市場の成長やその密輸から力を得たために、国家の一部に対する効果的な領域支配を確立した。激しい暴力的な抗争の後に、一九九〇年代には、コロンビアの政府当局は、こうしたカルテルを解体することに概して成功した。しかし不幸なことに、麻薬貿易に対するコントロールは、単に他の集団へと移ったにすぎないのであった。コロンビア革命軍（FARC）の反乱勢力は、カルテルによって残された空白を埋めたのであり、コロンビア政府との戦いにおいて、かなりの領土に対する事実上の支配権を確立した。

より最近では、メキシコにおける麻薬カルテルが麻薬貿易を取り仕切るようになってきたが、結果的には、競合するカルテルと政府軍との間での広範な争いに発展した。こうした麻薬に絡む暴力的な抗争によって、二〇一〇年に推定一万一〇〇〇人が死亡することになったために、メキシコ政府は、国家の一部に対する実効的な支配を失ったように見える。これは、同じ年にイラクで報告された一般市民と兵員の死亡者数よりも三倍から四倍高い数字である。この悲劇的な状況が強調しているのは、FARCとメキシコのカルテルの双方が、違法な武器、戦闘員、そして他の供給品を購入するために麻薬貿易から得た利益に依存しているという理由から、麻薬と武器取引との間には関連性が見られるということである。麻薬からの利益はまた、政府の官吏と国境での取締官に対する賄賂の資金源になることによって、密輸活動が維持されている。反乱軍を活気づかせる麻薬犯罪ギャングと武器密輸との間のこうした関連性は、一般市民による犯罪活動と暴力的な政治的騒乱との間の区別を曖昧にする効果を有している。不幸なことに、ヨーロッパとアジア全体に広がる麻薬に対する需要は、中央アジアや東南アジアにおける騒乱を引き起こすことにもつながってきたのである。

人間の密入国と人身売買という相互に関連する活動は、国境を越えた人々の流れを可能にする。人間の密入国は、通常、金銭と引き換えに、外国への不法入国を手助けすることと関係している。このことは、移民が国境を密かに越える際の道案内として機能し、あるいは正式な入国地点を通過する際に偽造した文書を提供することも伴う。人身売買は、一時的な隷属的な状態から強制労働に至る多様な形態をとるが、人間を所有物として捉える実際の貿易のことであり、しばしば、「現代の奴隷」として名付けられている。売買される人々は、一般的に、家事使用人、賃金の安い工場労働者、兵隊、あるいは売春婦に至るまで、そうした仕事のために搾取されている若い大人／一〇代の若者、もしくは幼い子どもさえも含まれる。売買のプロセスには、国境を越える必要はないが、実際には、人身売買がなされる大半の活動は、国家を越えた次元で行われる。

「オフショア」投資銀行におけるマネーロンダリングのように、他の非合法活動には、国境を越えることが必要な複雑な金融犯罪がある。知的財産権や特許権の侵害は、さらに複雑さを極め、ほぼ罰せられることなく世界中で起こっているように見える。映画、音楽、および他の形態の知的財産権の「海賊行為」を行う者は、厳密には、政府当局によって逮捕・訴追されるべきである。しかしながら、国境の存在によって、このような可能性は大いに低くなっている。例えば、中国市場は、有名な会社のロゴをもつ商品で溢れている。こうした売買の大半は、ブランドを保持している会社の許可なくして行われており、それゆえに、そのような商品を売買することは犯罪になる。

知的財産権の侵害に関するもうひとつの例は、途上国に広まっている本物まがいの医薬品に見出されるかもしれない。(そうしたことは)結果として、貧しい人々が手に入れられるように医薬品価格を安く設定することにつながっているのだが、特許を有している会社は、将来の研究や開発のために資金を作るためのグローバルな市場シェアや利益を減じることにつながるだろう。結果として、様々な疾病への新しい治療法や薬の開発が遅れ、あるいは完全にストップすることも考えられる。こうした侵害に対処するための確かな裁判の場があったとしても、許可なく特許薬を複製する会社を訴えることによって、貧困地域で薬を得ることが制限されるという倫理的な難題を生じさせている。

幸運なことに、国境を越える犯罪の大半が、そうした両義性をもっているわけでない。例えば、コンピューターのハッカーは、政府や民間のコンピューターシステムに大混乱を引き起こす活動において、サイバー空間というほとんど境界のない領域を動き回っている。こうした活動は、単なる若いいたずらっ子の悪さだと思われるかもしれないが、グローバルなプロセスを混乱させ、大惨事を引き起こす潜在性をもっている。こうした問題はあまりに深刻であるために、サイバー攻撃がエネルギー、交通、あるいはその他の重大なシステムに広く脅威を与えるのであれば、大統領に対してインターネット回線を切断する「キルスイッチ」を付与する法制度が提案されてきたのである。このキルスイッチは、中国や他の多くの非民主主義体制、あるいは擬似民主主義体制の内部でインターネットのコンテンツをより厳しく規制するために用いられるものと変わらない、アメリカを取り巻くサイバー国境を表している。

関連する文脈において、二〇一二年一月にアメリカ連邦議会に提出されたオンライン海賊行為防止法案(SOPA)は、アメリカ映画協会、全米レコード協会、ナイキ、バイアコムのような知的財産権の保護に関心をもつ団体や会社が、グーグル、ウィキペディア、ユーチューブ、フェイスブックといった自由な言論や革新を支持する会社との間での主たる論争を促したのである。アメリカの政治家は、こうした問題に関して、超党派で対処した。なぜならば、その法案は、政府がインターネット上のコンテンツを検閲する能力や、デジタルミレニアム著作権法によってインターネットサイトに付与された法的保護を政府が回避する能力という問題を提起したからである。そうした事例を知らしめるために、ウィキペディアと推定七〇〇〇にものぼるインターネットサイトが二四時間閉鎖され、グーグルはそのホームページ上のロゴを削除した。法案の成立は延期され、最終的な結末はいまだに不透明であるが、インターネット上での著作権侵害は、依然として一般的によく見られる問題である。

これらの問題とはかなり趣を異にする海賊は、主権国家の周縁部で活動する犯罪アクターという明確なカテゴリーを構成している。こうした犯罪者は、世界の一定の地域では、国際海運にとっての直接的な脅威となっている。ソマリア沖での石油タンカーや他の貨物船への襲撃・制圧は、近年、よく

図8　2009年にアメリカ軍がアデン湾でソマリアの海賊と疑われる集団へ近づいている

見られるようになった。このことは、海上輸送の自由を危険にさらす恐れがあり、海上における主権権限の欠如を再び強調することになる。

公海上での商業活動に対するそうした脅威の域を越えて、ソマリアの海賊は、みずからの国家機能にも影響を及ぼしている。ソマリアの近年の歴史を見れば、一九八〇年代後半は飢餓や地方の部族長間での社会的分裂、一九九〇年代初めは外国からの介入、二〇〇〇年代に至っては、急進的なイスラーム勢力のもつグローバルなイデオロギーによって支えられたその土地固有の騒乱、二〇〇六年のエチオピアによる侵攻、そして最終的には、公海上でのポストモダン的な海賊の出現が見られたのである。ソマリアは、主権国家としてのその地位を維持しているが、政府は基本的には統治能力がない。実に多くの人は、ソマリアを「失敗国家(failed state)」と分類している。それは、その領域が実際には様々な反乱運動、氏族による民兵集団、あるいは海賊集団によって支配されている国家のことである。失敗国家という概念には、政府がその主権を行使できないときに、主権の容器としての国境の役割に関する実際的・道徳的な意味合いが含まれている。干魃、苛酷な貧困、そして食糧不足と相俟って、ソマリアの国境は、国家主権の表明というよりも刑務所のようなものにより近いように見える。

ツーリスト・観光・境界

境界を越えることに伴う否定的な側面は報道のトップ記事を飾ることになるが、一般的には、本来、その肯定的な側面であることが大多数である。観光は境界を越えることに関して、最も顕著な例のひとつであり、甚大な経済的な影響を及ぼすが、あらゆる社会経済的プロセスと同じように、コインには裏表がある。観光は、楽しみ、リラクゼーション、そして新しい経験に動機付けられた旅行を伴う。明らかに、それは、旅の目的地に大きな利益をもたらし得るが、その否定的な側面がもつ影響とそれに対応する倫理的な問題がかなり軽視されている。

観光は、自宅からの旅行した距離と費やした時間の観点から一般的には定義されるが、通常ひとつか、あるいはそれ以上の境界を越えることになる。こうした境界には、自治体の境界、郡の境界、州の境界、あるいは国際的な境界＝国境があり得るが、いずれの境界を越えるにしても、観光のもつ経験的な側面や自分の日常や領域から離れるという考えに触れることになる。多くの人にとって、旅行から得られる興奮は、非常に明らかな政治的、あるいは文化的境界を越えることによって高められる。観光研究が示してきたことは、境界を越えることによって、旅行に伴って知覚される距離が実際に増大するということである。すなわち境界、とくに国境を越えるプロセスが苛酷になればなるほど、知覚される距離が大きくなるということである。民主主義的な先進国内部での旅行には、ほとんど煩雑さを伴うことはないが、途上国あるいは非民主主義的な国の内部を旅行する際の文書類は、海外を旅行するのと同じぐらいに多くのものが求められる。

国境を越えることによって、ツーリストは、出発国と到着国双方からの検査にかけられる。この検査は、個人の身元証明、市民権のある国、ひいては、その人間が世界の中で正しい場所にいるのかを証明する文書類に象徴されている。パスポート、ビザ、および身元を証明する他の文書類は、9・11のテロ攻撃以降、ますます重要になった。本来、ツーリストは簡単な紹介状をもっていけばよかったが、国民国家の出現、客観的な知識に対する専門家の意見がますます重視されるようになったこと、そして強化される官僚的な集権化によって、国際的な移動を統治する新しいルールが生み出されたのである。パスポートは、身元証明のためには、所持者本人の証言よりもはるかに信用できるものであると徐々に認知されるようになった。現代のパスポートには、次第に、個人の旅行歴や市民権に関するデータ、偽造防止用の技術、そして生体認証による追跡機能が満載されるようになってきている。

明らかに、合法的に国境を越えるために必要な身元証明を示す文書類は、歴史上のいかなる時点よりも現在のほうが、多く求められるようになっていると言える。

一旦これらの形式的な要件を満たせば、ツーリストは、例えば、標識、フェンス、分離壁、あるいは他のタイプの政治的境界で写真をとることによって、領域的差異を示す目印を見出すことはよくある。実際に、それ自体として、観光客の目的地になる国境もある。ナイアガラの滝(アメリカ/カナダ)、ビクトリアの滝(ザンビア/ジンバブエ)、イグアスの滝(ブラジル/アルゼンチン)は、とても魅力的な自然のアトラクションと国境を結び付けている。ベルリンの壁、ハドリアヌスの長城、そして万里の長城は、毎年、何千人もの人々を引き付けている。多様な政治的領域の風変わりな合流点でさえ、観光客の間で人気の目的地になった。例えば、ユタ、コロラド、ニューメキシコ、アリゾナの四つの州が合流するフォー・コーナーズ・モニュメント、フィンランド、スウェーデン、ノルウェーが一点で集まるトリポイント・モニュメント、そしてアルゼンチン、ブラジル、パラグアイが合流するトリプル・フロンティアが挙げられる

国境を越えるプロセスを通じて、ツーリストは、異なった主権の法的レジームを横切っている。このことは結果的に、一定の自由や制限を獲得したり失ったりすることになるツーリストに影響が及ぶかもしれない。これらの中には、基本的な個人の自由(移動、言論、宗教、セクシュアリティー)に関して、かなりの差異を伴うものもあれば、一定の商品やサービス(アルコール、医薬品、賭博、売春)

にアクセスできることに関連するものもある。ツーリストの目的地は、特定のツーリスト集団を引き付けるために、こうした異なる法的レジームを売り込んでいることがしばしばである。ツーリストはまた、みずからの購買力を高めるために、とりわけ、国境地域においては、異なる通貨ゾーンを利用することもあり得る。国境地域の経済が国境を越えた流れに、より一層依存するようになるにつれて、ツーリストの欲求や期待を満たすことは、ローカルな文化の真正さを疑うことがよくあり、国民的な理念から分岐していく際の適合策を必要としてきたのである。多くの観測筋にとって、観光の成長は、国家を超えた将来がますます近づいていることを示唆している。

第6章

境界を越える制度とシステム

境界を越える制度とシステムは、他のいかなる時代よりも今日のほうがはるかに、より多くの人間の生活の中に浸透し、中心的な位置を占めるようになった。こうした境界を越えるネットワークの存在は、国家の境界と社会の境界が一致し、あるいは少なくとも一致すべきであるという共通前提の基礎を掘り崩している。例えば、環境問題、公衆衛生問題、そして情報の流れは、境界のもつ権力の一部分にしか影響を受けないのである。しかし、他の見方からすれば、境界は、明らかに、人間の存在の環境的、医学的、および知的現実に影響を与えている。こうした境界を越える制度とシステムは、むしろ皮肉にも、政治的境界のもつ区切る効果に対して本来的には抵抗しながらも、深く影響を受けている。事実上、境界を研究することに伴う複雑さは、おそらく、境界を越える制度とシステムの領域において最も明らかに見てとれるだろう。

アイディアと情報

新しいコミュニケーションと運輸技術のおかげで、アイディアと情報は、歴史上のいかなる時点よりも今日のほうがより容易に国境を越えている。実際には、サイバー空間の出現と欧米のメディア放送のグローバルな展開は、領域的境界が情報とアイディアのこうした流れとやりとりを妨ぐことができないために、国家主権に挑戦しているのである。しかし、変容を遂げるテクノロジーにもかかわらず、こうした現実は全く新しいというわけではない。

例えば、イギリスの放送会社ワールドサービス、アメリカ政府のラジオ・フリー・ヨーロッパとボイス・オブ・アメリカは、冷戦期に共産主義諸国の国民に対して、欧米の様々な理念を伝達してきた。こうした初期の事例に関してでさえ、アイディアと情報の国境を越えたやりとりは、現代世界における先例のないスピード、量、および容易さでもって生じてきたことは明らかである。このことは、政治的・社会的境界の双方にとって深く、そして矛盾した意味合いを有している。

例えば、現代の通信衛星は武器を搭載していないが、情報を伝達し、世論に影響を与える能力を通じた戦略的な資産のひとつのタイプを表している。ＢＢＣ、ニューズ・コーポレーション、ＣＮＮ、ドイチェ・ヴェレ、そしてフランス24のような欧米のメディア会社は、衛星テレビの放送市場において大きな割合を占めており、それゆえに、文化的規範や政治的理念を形成する主要な地位にある。特定のイデオロギーの立場から「ニュース」を伝えることは、人心を形成する権力に訴えかけることである。映画、テレビ、および音楽と結び付いたグローバルなメディア・ネットワークは、大概が欧米の会社によって支配され、先例のない国境を越えた影響力を行使している。アラブ語圏諸国におけるアルジャジーラやアルアラビアのような地域のメディア組織は、独自の放送ネットワークを用いて欧米支配に立ち向かおうとしてきた。しかし、こうした動きでさえ、多くの国が衛星コミュニケーションを検閲したりブロックしたりするために、境界付けに影響を受けているのである。

人間の相互作用の新しい「サイバー空間」もまた、インターネットがアイディアと情報の新しいやりとりを可能にするにつれて、形成されつつある。サイバー空間の一見したところ境界で区切られていない性質によって、インターネットへアクセスできる人々の間では広範囲にわたり相互に結び付く新しい機会が提供されている。インターネット社会は、国家の領域と主権という境界で区切られた範囲から、アイデンティティと帰属を切り離す証拠を提示している。「共有された利益」という前提は、広がりのある新しい国際社会を生み出した。これらのオンライン社会の中には、特定のイデオロギー目標をもつグローバルな人道的、環境的、あるいは宗教的な運動が含まれており、例としては、赤十字国際委員会、グリーンピース、あるいは姿をはっきりと現すことのないイスラームの過激派集団が挙げられる。オンラインの出会い系サービス、ゲーム集団、あるいはソーシャル・ネットワークのウェブサイトのように、単に社会的交流、娯楽、そしてレジャーを目的としたものもある。大半の場合、

図9 モンゴルの遊牧民も通信衛星を通じて世界と接続し，情報を獲得できる状態にある

こうした新しい結び付きは、建設的で健全な国境を越えた対話を促す。不幸なことに、あらゆるアイデンティティと同じように、こうしたサイバー社会でさえ、排除、偏見、そして人権侵害の可能性さえある特権的かつ階層的な構造を発展させることがあり得る。サイバー空間のもつ一般的に開放的な性質は、アムネスティ・インターナショナルや国境なき記者団の人道目的に資するのと同じように、アルカイーダやコンピューター・ハッカーのもつ有害性の高い、国境を越えた大義にも一役買っているのである。

空間と伝統的なバリアとしての国境を越える集団の能力は、世界中の政府に対して挑戦状を突きつける。インターネットを、世界をフラットにし、国境を消去する際に主要な作用因として見なす者もいる。しかし、その見かけ上の開放性にもかかわらず、世界中には、インターネットの検閲に関して、(国家による)明らかな配置がある。ほぼ二〇億人もいると言われているインターネットユーザーが情報をオンライン上でダウンロードし、ポスティングするときに、国家はそのコンテンツや活動を監視し、コントロールするために相当の資源を投入していることから、ユーザーは政府による制限に直面するのである。政府は、サイバーの自由に対する制限の中でもとくに、ウェブサイトをブロックし、チャットルームを監視し、サイバーカフェのユーザーを悩ませている。民主国家は、インターネットを制限することの適法性について議論しているが、それは、言論の自由と、児童ポルノのような非難されるべき内容を広めないようにすることとの間で適切なバランスをとることに関して、困難な倫理的問題を提起する。自由な言論という命令に対して関心のない非民主的政府は、政治的な反対意見やみずからとは異なる他の見解をブロックする厳格な検閲プログラムを実行してきた。インターネットトラフィックのもつ大規模で脱集権的な性質を考慮すれば、そうしたプログラムの効率性は不透明であるが、いくつかの政府は、明らかにオンライン上のアイディアと情報の流れを規制しようとしている。

いわゆる「中国の万里のファイアウォール(Great Firewall of China)」がその最たる例である。二〇〇三年の初め、中国の共産主義支配政権は、一定のインターネットサイト、プログラム、そしてコンテンツへのアクセスをブロックする「金盾作戦(Operation Golden Shield)」を開始した。このプロジェクトは、共産主義当局によって破壊分子と政治的に認定されたウェブサイトを検閲しようともしている。これらの中には、中国における民主的改革、チベットの独立、あるいは人権状況の改善を支持するウェブサイトを含んでいた。中国は、人権侵害を記録し、反政府的な抗議運動を組織するために用いられることを恐れて、ユーチューブ、ツイッター、そして他のいくつかのソーシャル・ネットワーキングのサイトへのアクセスも遮断している。

中国の検閲は一般的に成功してきたと言えるが、このことがすべての政府に当てはまるわけではない。二〇一一年一月、チュニジアの独裁者ザイン・アル＝アービディーン・ベン・アリーの二三年に及ぶ統治が突如として終焉を迎えた。しかしながら、この独裁者が権力から追われた反乱は、イデオロギー的に動機付けられた反政府集団によってではなく、ソーシャル・ネットワーキングのウェブサイトであるフェイスブックを通じて広がった、政府に対する一般的な反対意見や怒りによって引き起こされたのである。モハメド・ブアジジ(Mohamed Bouazizi)と呼ばれた若いチュニジア人が農産物を積んだカートをある警察官に没収されたあと、彼は、地方の知事庁舎前で焼身自殺を図り抗議した。それに引き続いて起こった抗議の写真とビデオが携帯電話からフェイスブックにアップロードされ、住民たちを広範囲かつ持続的な活動へと駆り立てることに成功したのである。これに対応する形で、政府当局は、オンライン上のパスワードを盗んだ上で情報にログインするプログラムを実行し、それによって、そうした運動に関与した人物を特定できる可能性に加え、ソーシャル・ネットワーキングのサイトのさらなる利用をブロックすることができるようになったのである。しかし、抗議者たちは阻止されなかったし、その反乱を組織する新しいアカウントを作り出した。最終的には、政府は世論の圧力に屈し、ベン・アリーは国外逃亡した。軍事戦略家、政府指導者、および反対派の政治家は、情報とプロパガンダの重要性を長く認識してきたが、これはおそらく初めて成功した「サイバー革命」であると言えるかもしれない。

サイバー空間の権力は、二〇一一年に起こった「アラブの春」の反乱におけるフェイスブックや他のインターネットサイトの役割を通じて明らかになったが、境界は、継続的に様々な社会的アイディアや規範を形成・反映している。いかなる形でも境界を考慮すれば、男女の日々の社会的実践を分け隔てるラインが認識されなければならない。これらの中で最も明らかな例は、性別の区別を企図したジェンダー特有の空間であり、そこでは宗教的な慣習に由来する異なるジェンダーの役割を反映することがしばしばある。これらは、女性と男性がどこでどのように祈りを捧げるのかを区別する別々の空間を作るのと同じように、ほとんど関心がもたれない。他の状況においては、ジェンダーで区別された空間は、大きな議論を引き起こした。例えば、ヴェール、あるいは他の被り物を身に着ける女性の習慣は、イスラーム教徒のマイノリティをもつ多くの欧米諸国において重大な議論を巻き起こした。ヴェールは、単に謙虚さ、忠誠、および婚姻という理念を反映している国もあれば、ヴェールを、女性の権利を制限し、差別を助長する社会的境界の一種として捉える国もあったのである。二〇一一年に、フランスは、ヴェールや他の顔を被うものを公共の場所で身に着けることを禁じた。他のヨーロッパの政府も同様の禁止策を講じた。こうした国内での議論は、(ヴェール禁止の支持派と反対派の)双方がグローバルな世論に影響を与えるように、新しい情報技術を用いることで、その名目的な管轄区域をすぐに飛び越えて広がったのである。

他の最近の傾向は、西洋のフェミニズムという特定の形態を途上国に輸出する取り組みに関連している。これに賛同する人々は、こうした取り組みを、人権という普遍的概念を女性に拡張適用すること、あるいは国境を越える新介入主義的な理念の受容と表現するかもしれないが、反対する人々は、フェミニズムが非西洋文化においては異なった意味合いを有しているということ、あるいは単に西洋の文化帝国主義の最新の事例として解釈されると指摘するかもしれない。例えば、国際的なマイクロファイナンスの領域は、急速に、発展途上地域における社会変化の中で最も広まった発信元のひとつになりつつある。グラミン銀行、FINCAインターナショナル、ワールド・ビジョン、あるいは女性の世界銀行といった非政府組織(NGO)は、とりわけ、様々な社会文化的文脈を超えて女性の地位向上を目指す女性起業家にターゲットを絞っている。基軸となる原則は、単にジェンダー間の権力の再分配ではなく、国境と国家主権のフィルター的な能力を超越した特定のアジェンダの前進である。そうした前進は、本来社会的境界を越えるのであり、包括的な社会的調整を必要とする。

一九九〇年代のアフガニスタンを封鎖したタリバーンの試みは、外国からの文化的影響力が及ばないように、国境をツールとして用いた明らかな事例である。タリバーンが支配したアフガニスタン内部では、以前は合法的であった様々な活動が、現地の部族的伝統と結び付いたイスラーム法の歪曲された解釈の下で禁じられた。禁止されたものは以下の通りである。すなわち、すべての豚肉製品、人間の髪を含んだ製品、パラボラアンテナ、映画撮影技術、大半の楽器類とオーディオ機器、ビリヤード台、チェス、マスク、アルコール、カセットテープ、コンピューター、ビデオデッキ、テレビ、性的な刺激をそそるもの、ワイン、ロブスター、ダンス、凧、マニキュア、爆竹、彫像、手縫いのカタログである。女性の雇用、教育、ヘルスケア、およびスポーツは著しく制限された。一部ではあるが、男性は一定の長さにあごひげを伸ばし、頭髪を短くしたままにし、頭に被り物を着用しなければならなかった。国境がこうした極端な文化的改革を進める際に果たした役割を認識していた人はほとんどいなかった。東ヨーロッパを横切る「鉄のカーテン」の垣根を低くしたスターリンの試みのように、タリバーンは、アフガニスタン全土に「泥レンガ造りの壁」を建設しようとしたのであり、その内部では、文化的な純血さの独自の在り方が追求されたのである。その結果として出来上がったのが、グローバル規模でのアジェンダを実現しようとするアルカイーダのような過激派集団にとっての聖域ばかりではなく、女性と男性双方にとっての抑圧の領域であった。

西洋のフェミニズム、マイクロファイナンス、そして多くの他の傾向は、社会的境界の打破を目指していたが、境界は、依然として様々な形態の差異、あるいは差別さえも伝播させようとする人々にとっての共通のツールである。こうした境界付けのプロセスは、選挙区、国勢調査地域、そして学区を含んだ、国家より下位レベルにある多様な境界の形成に影響を与えている。そうした国家主権の下位区分は国家によってまちまちであるが、それぞれがある程度の権力を個々の政府に配分する。地方、都市、州、あるいは連邦というそれぞれの実体の境界は、責任の及ぶ空間や管轄区域のレベルを画定するのである。こうした場所に関する階層内部での結び付きは、人間の関与、能力、そして戦略のネットワークを形成する。それらは近代社会を形作り、現代の民主主義的な実践の基本的な構成要素となっているると主張する者さえいる。意味あるスケールでの民主主義も、はっきりとした領域的実体がないなかで形成され、機能することができるかどうかは、実際には定かではない。

立法府の選挙区の創出は、国民代表の領域的基礎を如実に描き出している。大半の民主主義システムは、人口統計に基づく代表制ばかりではなく、平等な領域的代表制を確保することを目指した国家より下位レベルにある境界によって特徴付けられている。こうした手続きは、選挙に影響を及ぼす(例:ゲリマンダリング)目的をもって行う意図的な操作にはかなり脆弱であるが、依然として不正な選挙に対処する実践的な手段である。実際には、選挙操作が起こる可能性は、市民権という証拠や地方自治体への居住といった領域に基礎を置くコントロールがなければ高まっていくだろう。しかしながら、このことは、高いレベルでの腐敗のリスク、あるいは民族的、人種的、経済的集団の合法性をもった民主的正統性を歪めている歴史的に制度化された不平等を是正することにはつながっていない。それにもかかわらず、民主的なプロセスは、国民参加と代表制に一定の範囲を設定することを求めている。言い換えれば、国家、州、選挙区の境界は、選出される側の管轄区域を定めるばかりではなく、選挙人に投票するための実践的で管理しやすい境界を設定するのに役立っている。

ガバナンスの実践としての民主主義は、領域主権と否応なく結び付くようになったことは明らかである。宗教君主的な主権から国民領域的な主権への移行は、(現実的、あるいは想像上の)国民の統一性やそれを表象する国家の(現実に行われる、あるいは想像上の)制裁措置によって促進されたのである。アメリカ革命とフランス革命の後に、領域的な民主主義と国民主権が並行して成長した。ナショナリズムは、これらの理念間の結び付きを、闘争と社会組織の構築された歴史を通じて強化したのであり、特定領域の範囲内における国民の統一性を象徴的に枠組み付けたのである。過去二世紀の間に、こうした枠組みが急速に広まったことは、現代の国民国家間の境界を画定するばかりではなく、民主主義と領域の関係を強固にした。こうした結び付きが組み込まれるようになった結果、領域主権の概念を批判することは、「国民(the people)」の支配に異議を唱えることとして一般的に解釈されたのである。標準的な政治地図は、世界を、区別された領域的単位の集合体として描くことによって、こうした構図を定着させた。しかし、このことが、国境を越えた関係の複雑性と、現代の国際情勢に浸透している日常的に行われている統合への実践を曖昧にする。

超国家主義と地域主義

国民国家システムの領域的な前提は、超国家的組織の発展によって挑戦を受けてきたとも言える。「超国家主義(supranationalism)」は、主権の一部を、より大きな擬似連邦的な実体に委譲する諸国家のプロセスと言われている。国連や世界貿易機関のように、こうした超国家的組織のいくつかは、外交や貿易においてはっきりとした役割を担っている。大規模なものに限って言えることだが、超国家的組織の中には、主権国家の機能を徐々に帯びてきているものもあるように見える。いくつかの場合、超国家的組織の出現は、グローバルな市民権や普遍的権利が現在の世界の領域的帰属や国家主権に取って代わるコスモポリタン・デモクラシーの一形態へと向かっている。こうした理念の支持者は、グローバル・デモクラシーのレベルにまで高めることを思い描いている。しかしながら、この目標を達成する実現可能な戦略を提示することは誰もできなかった。歴史は、国家間同盟の数多くの事例を示しているが、二つの大戦の火口箱から超国家組織の旗手へとヨーロッパが進化したことは、国境の変容する役割にとって重大な意義をもつ。

地政学的緊張を回避し、経済的協力関係を強め、公害や犯罪のような国境を越えた諸問題に対処したいという願望に根ざす形で、欧州経済共同体は、時間をかけて欧州連合(EU)へと進化した。こうしたヨーロッパの政治的理念の再創造は、拡大する構成国の数とは関係のない領域主権を前提としようとしている。ブリュッセルに本部をおく超国家政府は、加盟国間での一連の条約を調整してきたのであり、商品、サービス、資本、および人の移動の自由を促進している。ユーロという共通通貨の導入、欧州連合内部におけるビザなしでの渡航、域外渡航のための標準化されたパスポート、そして出身国外で休暇をとり、勉学や就労が可能になることは、国境によって区切られた国民国家が消失していくか、あるいは大規模な連邦構造を有する中で、国家よりも下位レベルにある単位のように次第に機能していくのかを示唆しているように思われる。

皮肉にも、欧州連合内部で国境の透過性が増すことは、EUと非EU国家との間の国境の強化を伴ってきた。今日、非EU国家と国境を接するEU国家は、その外縁となる国境の効率的な警備を求められている。欧州連合内部での移動の自由が、犯罪や不法移民を取り締まるための外縁的な国境における執行の強化を必要とするために、「要塞ヨーロッパ」という考え方は多くの人々の心を捉えてきた。二〇一〇年に始まり、長引くことになったヨーロッパの債務問題と通貨危機は、地域統合への大衆からの支持を損なうことになった。総合的に見ると、こうした傾向は、民族主義的な感情を復活させる潜在的な触媒として機能し、それは、やがてヨーロッパ大陸中に領域性を再興させることになったのである。

しかしながら、財政危機、移民、そして犯罪だけがヨーロッパにおける新しい境界付けの傾向を促進する要因ではないことに着目すべきである。欧州連合はまた、補完性の原理を唱道してきたが、それは、政府の責任はできる限り最も下位レベルで担うべきであると捉えている。このことは、イタリア、スペイン、フランス、ベルギーのような国家が一九七〇年代以降、ガバナンスに関する連邦システムを採用する方向に徐々に向かうことになったために、政治的な脱集権化のプロセスを加速させることにつながった。地方の集団が、国境を越えた結び付きや自律性の増大に伴う利益が、名目的に帰属する国家の他のエリアとの交流の利益を上回ると分かった場合には、新地域主義という原理も明らかとなる。地方のリーダーは、現地の声をききつつ、地域のアイデンティティを維持することが可能な新地域主義、すなわち、(対内的な)ガバナンスと対外的な協力との間の複雑なバランスを取ろうと試みている。

実際には、加盟国間の多くの障壁を除去した欧州連合の成功は、皮肉にも独立運動を増大させているかもしれない。小規模な地域が独立を勝ち取る可能性がますます高まっているように見える一方で、それは、いまだに欧州連合に加盟している上での経済的・安全保障的な利点を保持している。南イタリア文化からの明確な分離を求めた北イタリアにおけるパダニアの独立運動は、明白な事例である。スコットランド地方、フランドル地方、カタロニア州、そしてコルシカ島のような他の場所では、古い地域的枠組みの再出現が、それぞれの国家の領土保全に疑義を差し挟む強い民族的なアイデンティティと結び付いている。

ＥＵは、はっきりと分かる形で発展してきた超国家的組織のひとつであるが、多くの他の超国家的組織も存在しており、国境を越えた関係の重要なフォーラムを提示している。こうした制度の多くは、アジア太平洋経済協力会議やユーラシア経済共同体のように、経済問題や貿易に焦点を合わせている。他方で、集団安全保障条約機構や北大西洋条約機構のように、安全保障問題や軍事協力に軸を置いているものもある。さらには、アフリカ連合や南アメリカ諸国連合のように、欧州連合をモデルとした、深化した幅広い協力を目指すものもある。こうした組織は、一般的には経済協力に関する領域、とりわけ、貿易の自由化において最も効果的であった。ただし、持続する協力やより大きな統合が、他の問題領域で出現するかどうかははっきりとしていない。

一般的なメディアの関心は経済に焦点を合わせているにもかかわらず、世界中での超国家主義に対する大衆の支持の多くは、社会福祉問題、人権、および環境問題に求められる。ヨーロッパ統合の初期段階は、酸性雨、河川汚染、産業廃棄物と闘う取り組みから始まった。今日では、国家より下位レベルにあるアクター、および非国家的なアクターが環境保護の最前線にますます立つようになり、公害、自然災害、疫病、そして道徳的な諸問題は、政治的境界のもつバリア、あるいはフィルターとしての機能を考慮しないという純然たる事実を明らかにしている。

環境問題と境界

境界は人間の構築物であるが、特定の種と現象の空間的な集中は自然の中に確実に見てとれる。しかし、それらを分けるラインが明確に引かれ、絶対的であることはまずめったにない。動物の中には、匂いで領域を区別し、実際に縄張りを守る動物もいるが、人間だけが、所有権、アクセス、そして帰属の領域を区切る恒久的なラインを無理に引こうと試みる。他方で、自然は政治的境界にまず関心を向けることもないので、境界を越えるものの中では、最も浸透するものとして機能している。自然現象に本来備わった国家を超える特徴とは、現代のグローバルなシステムにおける領域性と主権の多様な役割を明らかにする付加的な領域を構成する。

自然がおそらく政治的境界に関心がないと考えるのであれば、政府は人間の侵入から自然を維持・

保護するために境界をますます用いるようになっている。国立公園は一定の人間活動を排除する境界を作ることによって、自然が維持されており、自然環境を保護する取り組みを体現している。アメリカ西部に一八七二年に設立されたイエローストーン国立公園は、近代国立公園の走りとして一般的に認識されている。他の多くの州はそれ以降、独自の公園プログラムを作成していった。こうした取り組みは、見かけ上は肯定的に捉えられるが、国家の領土を国有化し、政治化させる偏狭な傾向とともに進展することがしばしばあった。しかし、最も厳格とされる国境でさえ、動物の季節移動、あるいは風や水を通じて散らばる種や昆虫によって、定期的に越えられているのである。結果として、国家は、環境への責任のために協調的な取り組みをすることの利点をますます認識するようになっている。南アフリカとボツワナの国境沿いにあるカラハリ・トランスフロンティア公園(Kgalagadi Transfrontier Park)、およびコスタリカとパナマの間に位置するラ・アミスタ一国立公園(La Amistad National Park)の形成は、こうした新しい傾向を示す二つの事例である。

不幸なことに、国境は自然保護の取り組みを妨げることもある。なぜならば、緩やかな環境規制をもつ国家、あるいはそれが全く存在しない国家がいまだに独立した主権として承認され、それゆえに、外部の干渉から離れて領域を管理する権限が与えられているからである。これに対応する形で、世界自然保護基金や他の環境ＮＧＯのように、いくつかの国際組織は、公園、あるいは特定の絶滅危惧種のための保護区を設けることを支持して介入を試みてきた。こうしたＮＧＯは、国境を越える独自の選好を押しつけることによって、現地の伝統やローカルな政府の利益と衝突してしまうかもしれない。

干渉主義という新しい地政学的現実は、人権や安全保障の領域内と同様に、環境の領域においても受け入れられているように思われる。魚や野生生物の捕獲、生物学的保護区域、水質汚染、二酸化炭素放出、有害廃棄物処理、および核実験を管理するグローバル・スタンダードを制度化する動きが現在ある。これらは崇高な目的のように思われるが、それぞれは複雑な国境を越えた諸問題を提起している。

例えば、特定種の受容の概要を示す貿易協定は、環境問題に関連した国境コントロールの明示的な行為である。一九九六年にヨーロッパで起こったBSEパニックは、その発生の恐怖が、現地の牛肉生産者の市場を守るために国境と結び付いて用いられた明白な事例である。このことは、漁業や狩猟の規制、絶滅の危機あるいは脅威にさらされている種、および森林伐採の限度と再植林の要件を確立する国家による取り組みにおいても明らかである。こうした政策は正当な目的を有しているが、特定の利益集団に資するように操作されているかもしれない。それゆえに、それらは、本来的に国境に結び付いた政治的行為なのである。

国境と環境保全をより幅広い視野で捉えると、自然が独自の空間的ロジックを有していることは明らかである。増大する人間の移動や空間を越えて種を伝えるわれわれの能力それ自体が、環境変化に対してかなり問題を含んだ火付け役となっている。こうした事実を認識することが、そうした問題領域を国内政治と国際政治の最前線に押し出してきた。ウサギとオオヒキガエルをオーストラリアに持ち込んだ悪い例によって、地域のエコ・システムが破壊された。同様の問題が、クズ、イタドリ、ゼブラ貝、あるいはアジアの鯉といったアメリカにおける侵入外来種から生じた。こうした侵入外来種は、種を運搬する際の幅広い封じ込め対策や制限策を生み出した。不幸なことに、こうした取り組みは大部分成功しなかった。より良い意味では、一九七〇年代からのアメリカと中国両国における動物園でのパンダの繁殖は、高いレベルでの外交関係の拠点として機能した。こうしたタイプの環境保全への取り組みは、とりわけ国境をまたいだ自然資源を管理することに関して、国境を越えた協力を促進する重要なツールになり得るのである。

国境は、天然資源、とりわけ国境をまたいだ水資源の管理を複雑にする場合もある。例えば、コロラド川は、アメリカに源流をもち、メキシコまで流れ下っているが、その水のほぼすべてがメキシコに辿りつく前に利用されてしまうのである。中央アジアにおける主要な河川システムは、いくつかの国家にまたがっているが、これらの国家は水を利用する際にそれぞれが優先順位をもっているのである。上流にあるキルギス共和国(クルグズスタン)やタジキスタンのような国家は、冬期に、熱や電気を作る水力ダムを通じて貯めた水を放出したいのである。ウズベキスタンやトルクメニスタンのような下流にある国家は、夏期における灌漑用のために水を放出したいのである。同様の緊張関係は、ヨルダン川の利用をめぐってイスラエル、シリア、ヨルダン、そして西岸地区の間で続いている。こうした事例は、倫理、天然資源の利用権、および領域主権に関する諸問題を提起している。

保健と境界

境界は、国家主権と国家より下位レベルにある管轄区域の範囲を決めることによって、生活水準や生活の質を著しい差異によって区切る空間の輪郭を示す。実際には、雇用、居住、運動、ヘルスケア、教育、自己表現、性的志向への権利、そして家族の大きささえもが、国によって著しく異なっている。銃、玩具、電化製品、食料、薬品、タバコ、そしてアルコールといったものを規制することによって、市民を保護する精緻なシステムを構築してきた国家もある。他方で、この点に関して、まったく、あるいはほとんど何もしていない国家も存在する。

保健とは、生活の質に関して最も変容している側面のひとつであり、国境は、こうした差異を形成するときに実質的な役割を担う。保健に関して、想像されるほぼすべての要素は国家によってかなり異なるが、その中には、出生率や死亡率、平均寿命、専門的なヘルスケアの利用が含まれている。例えば、平均寿命は、多くの先進国では約八〇歳であるが、いくつかの最貧国では約四五歳にすぎない。平均寿命の違いを越えて、死亡の実際の原因は国家によってかなり違う。先進国における死亡原因は、大半の場合、喫煙や運動不足のような生活スタイルの選択と、心臓病や癌のような加齢に関連する問題との結び付きに起因する。それとは対照的に、途上国の住民における死亡の主要な原因は、呼吸器感染症や、栄養失調によってよく悪化する赤痢のような、比較的基本的な医療問題を含むことがしばしばである。簡潔に言えば、国境は、非常に異なる医療問題やその結果として分け隔てられた空間と住民を生み出している。

環境上の不公正という概念は、大気・水質汚染に起因する不都合な健康に対する影響や、様々な他の環境問題に対して、人々が不均等にさらされていることを意味している。ローカルな次元でさえも、環境問題やそれに関連する健康上のリスクに身をさらすことは、低所得層、マイノリティ、あるいは先住民族の住むエリアに不均等に集中している。例えば、ゴミ廃棄場は、一般的に低所得層の住居近くに位置している。グローバルな次元では、魚の乱獲や木材の伐採に伴う有害な影響は、貧しい途上国において最も深刻である。

そうは言いながらも、多くの保健上の諸問題は国境を越えてもいる。疾病は、明らかに国境を越えた争点のひとつである。「エピデミック(epidemic)」というまさにその概念は、社会や国家より下位レベルにある境界を越えた疾病の蔓延に関連している一方で、「パンデミック(pandemic)」という用語は、特定の疾病がグローバルに広がることを意味している。グローバル化と世界中で広がる様々な人間の移動の増大が、疾病の蔓延に対する新しいベクトルになってしまったのである。例えば、コレラは南アジアで初めて発生したが、何世紀にもわたって世界中の人間をいつも苦しめてきたグローバルな保健上の脅威になった。コレラは、最近では、二〇一〇年にハイチで起こった地震の後に発生した。

ＨＩＶ／ＡＩＤＳもまた世界中に蔓延してきた。それは、国境や社会的境界の影響を受けないが、貧困地域により広がっていることは明らかである。これは、アフリカの多くの場所で猛威を奮っているが、そこでは、感染のペースを遅くすることを目指したプログラムが、乱立する神話、長く根付いた社会規範、そしてヘルスケア全体の低水準によって阻害されている。こうした疾病が最も広がりを見せている国境は、国家内部への侵入を許さない能力、あるいはそれを外部に追いやる能力にいずれも限界を露呈している。

逆説的な言い方であるが、領域主権は、世界中の多くの疾病や他の保健問題に対する効果的な対処を妨げることに関して、まさに成功している。稀少な財政的資金を、国民に対するヘルスケアよりもむしろ、軍事目的に配分するいくつかの政府の選好は、その分かりやすい例である。より複雑な例は、特定の医薬品、妊娠中絶、あるいは殺人幇助に関する様々な適法性の問題である。これら各々は、国家の法によって決定されている。国境が依然として世界中に広がる不均等なヘルスケアの実践や帰結を生み出す本質的な力のままであるのは、こうした理由からである。国境なき医師団、あるいは世界保健機関のような多くの組織は、国境や領域主権の理念によって制度化された人間の健康や生活の質における格差を是正するという明確な目的をもつ国境を越えた実体なのである。

しかしながら、そうした格差は、国際的な領域に特有のものではない。国内の住民間で生活の質に関する諸問題を決定する際には、国家より下位レベルにある境界や社会的境界もまた、それと同様の影響力をもっている。社会経済的地位に基づく居住の住み分けは、多くの国において共通に見られる。これは、以下の空間的パターンを生み出す。すなわち、近隣の住民、あるいはコミュニティの間での社会経済的な差異が、一人ひとりの人間の全体的な健康や生活の質における違いを反映し、かつそれを生み出しやすくするような空間的パターンである。国際的・国内的なレベルでの政治的境界、および社会的境界が、生活の質に関する広範な諸問題における差異を生み出すと言ってもよいだろう。それらには、ヘルスケア、教育機会、汚染物質にさらされること、および清潔な飲料水あるいは下水道システムを利用できるかどうかが含まれている。

倫理と境界

境界が、生活の質に関して存在する大きな格差を明示するその役割を考えれば、多くの倫理的な諸問題を提起する。実際には、境界の創出と維持のプロセスは、道徳的な前提と判断からは切り離せない。古代以降、社会は行為に関する一般的な規範を有してきたが、実際の規則として定められ、かつ禁止される実践はかなり異なっていた。伝統的には、こうした道徳上の問題は、特定の宗教信仰システムに求めることができた。アニミスト、東洋神学、および西洋神学は、領域と境界に関する独特の慣習を発達させてきたが、それらは、宗教共同体内部での所有権に関する手続きから、他の宗教集団によって治められた土地との関係にまで及ぶ。植民地主義は、「適切な」国家行為というヨーロッパ的な概念がグローバルな規範や条約へと拡張する土台を提供した。ジュネーブ第一条約のような一九世紀における最初の取り組みは、捕虜と民間人の取り扱いといった戦時中の国家責任や、受け入れ可能な行為に焦点を合わせる傾向があった。こうした条約は、第二次世界大戦の「総力戦」の展開が大量の民間人の犠牲者、排斥、ジェノサイドを生み出したために、概して効果的ではなかった。

このような悲劇は、国際法や人権に関する広範な条約を発展させ、適用させる新たな誘発要因となった。国家の領域主権の中心性を主張することに加えて、一九四五年の国連憲章はまた、その基本目的のひとつとして、「すべての者のために人権及び基本的自由を尊重するように助長奨励すること」を挙げた。一九四八年に国連は、「人権」と「基本的自由」の意味を明確にするために世界人権宣言を発布したのである。世界人権宣言は、人権の具体的なリストを提示したが、それは、拘束力のある条約ではなかったし、監視と実効のメカニズムを欠いていた。その代わりとして、人権の遵守は国家の裁量に任せられていたのであり、諸国家は世界人権宣言を通じて表明された高邁な理念に反する地政学的、あるいは文化的アジェンダを優先することもしばしばであった。

現代の多くの研究者と活動家が強調してきたことは、これまでの領域主権と国境の取り締まりに対する優先順位の高さが、いかに様々な人権侵害を引き起こしてきたのかということであった。実際には、人権侵害を非難される国家は、干渉を妨げる国家主権の原則および領土保全を主張するのが一般的である。現代国際法におけるこうした難題によって、以下のように主張する人々が出てきた。すなわち、倫理的および道徳的な関心事、具体的には、基本的人権の保障が国境を越えた介入を正当化すると主張する人々である。こうした見解においては、国家主権の侵害は、基本的人権の保障ほど重要性をもたないのであり、基本的人権は国家主権とは関係なく擁護されるべき問題なのである。

二〇〇三年以降、スーダンのダルフールにおける一連の出来事は、国家主権および人権との間に内在する矛盾を例示している。いくつかの政府と人権NGOは、ダルフールの住民に対するスーダン政府の行為をジェノサイドの動きとして公然と特徴付けた。それゆえに、外国からの干渉が民間人を保護し、人権を擁護するために正当化されたのである。スーダン政府とその同盟国は以下のように反応した。すなわち、(スーダン政府が行った)こうした行為は、外部の干渉を受けることなく、自由に領土を管理し、取り締まる権利を行使する主権国家を単に表しているにすぎないとしたのである。スーダンの例や他の場合でも、人道に対する「国際」犯罪と見なされるものと、主権国家の合法的な行為との間の線引きをどう判断するかは、他の政治的・経済的な考慮すべき事項に対して、二次的な問題であることが多い。

人権の実効性の不十分な性質は、正義に関する普遍的な基準を発展させる取り組みに拍車をかけた。第二次世界大戦後、戦勝国は、ドイツと日本の戦争犯罪人を裁く国際法廷を設置した。国連はのちに、一九九〇年代のルワンダ、シエラレオネ、ユーゴスラヴィアで残虐行為に関わった人々の責任を捜査・訴追する特別法廷を設置した。支持者は、こうした法廷を、正義という広範な理念を適用する進歩として歓迎したが、これらは比較的稀であり、臨時的な組織であった。そして、それらは、国連安全保障理事会の構成国、とりわけ拒否権をもつ常任理事国五カ国間での幅広い国際的合意を必要とした。

オランダのハーグに本部を置く国際刑事裁判所の設置は、戦争犯罪や他の人権侵害に責任を負う政治指導者や軍司令官の起訴と裁判の恒久的なメカニズムを作ることによって、こうした欠陥に対処しようとするものであった。組織の名称から、広い守備範囲が想定され、この裁判所に対して普遍的な管轄権が与えられるべきであると主張する人々もいたが、ＩＣＣの実際の力はかなり制限されている。裁判所の管轄権は、条約を批准した国家にのみ限定されたが、アメリカ、ロシア、中国、およびインドを含む多くの国家は、条約の批准を拒否してきたし、依然としてその裁判所の管轄権の外部にいる。条約を批准した国家の間では、ジェノサイド行為、侵略戦争、および人道に対する犯罪はＩＣＣの管轄権の下にあるという一般的合意は存在するが、こうした特定の条項が適用されるときに不一致が見られることはよくある。悲しいことに、人権侵害の明確な証拠に直面したときでさえ、（多くの）政府は依然として他の国家の国内問題に干渉することには躊躇するのである。

ＩＣＣの限定された実効性と人権の保護は、一般的に、以下のことを結論付けることになった。すなわち、近代の国家システムの領域的基礎はグローバルな人権の確立とまったく両立せず、それゆえに不道徳であるということである。こうした議論は、移民の問題に関して最も表面化することになっ

図10 スリランカにおける地雷除去作業は，地雷禁止国際キャンペーン（ICBL）によって組織されたグローバルな運動の一部である

た。国家とＮＧＯは、人権侵害、あるいはすでに述べた生活水準の違いに対処するために国境を越えられないことがよくあるために、先進国は、移民規制を緩和する道徳的義務を有し、単に政治難民として認定されたものばかりではなく、すべての移住を受け入れるようにすべきであると多くの人々が主張してきたのである。実際には、世界人権宣言の第一三条には、「すべて人は、いずれの国をも立ち去る権利を有する」とある。これに基づくと、以下のように主張する人々もいる。すなわち、いずれの国をも「立ち去る（leave）」権利は、みずからの意思でいずれの国にも「立ち入る（enter）」権利をもつようにと拡張すべきなのである。なぜならば、国を離れる権利は、もし他国が立ち入りを認めたくないのであれば、

意味をなさないからである。このことは、すべての人に、高い生活水準を提供する場所に移民する権利を与え、あらゆる政府にそうした移民を道徳的に受け入れさせることになるだろう。そうした提案は実現がかなり難しいかもしれないが、このような議論は、境界付けの多様なプロセスにおいて明らかとなる道徳的・倫理的次元に対する評価の高まりを強調する。

ＮＧＯは、ますます活発で実効的な国境を越えたプレーヤーになってきている。本書では、ＮＧＯの役割を、報道の自由、紛争解決、経済発展、環境改善、および女性の権利の支持者としてすでに位置付けてきた。最も注目すべきＮＧＯのひとつは、地雷禁止国際キャンペーン（ＩＣＢＬ）である。ＩＣＢＬは、実際には、世界から地雷やクラスター爆弾を除去する数百の人道ＮＧＯが協力している連合体のことである。この連合体の取り組みが、一定の地雷を禁止するオタワ条約の誕生につながった。多くの主導国、とりわけアメリカ、ロシア、中国、およびインドがオタワ条約に署名していないものの、現在、一五〇以上の国家がこの条約に署名している。こうした取り組みが認められて、ＩＣＢＬはノーベル平和賞を一九九七年に受賞した。ＮＧＯの役割は疑いもなく重要であるが、現代の国家に基礎を置いた領域システムにおいては、ＮＧＯは、人権や生活水準の格差に効果的に対処できる資源も権限ももっていないことを認識することが不可欠である。

エピローグ——境界に満ちた将来

本書は、境界のもつ実体的・シンボル的な次元、「境界付け」の多様なプロセス、およびそれらが人々の生活に及ぼす影響力を掘り下げて検討してきた。ローカルなスケールからグローバルなスケールに至るまで、境界は、差異に関する物理的・シンボル的な目印としてばかりではなく、空間的・社会的実践の公式かつ非公式な制度としても理解されている。境界とは、境界を区切ることによってできる集団の産物であり、個別の状況に応じて影響力や意味が異なってくる。境界は、単なる場所の区切りというよりも、富、権利、移動、および生活水準における顕著な空間的差異によって記される世界における権力の現れとして捉えられる。こうした意味で、境界はとくに重要な研究上のテーマなのである。

境界の変わりやすい性質を考慮すれば、将来的な傾向を予測する試みには明らかに限界がある。しかし、境界の歴史的進化と現代の境界に関する研究の射程を概観した後に、どれほど推論の域を出ないにせよ、どのような将来がもたらされるのかについて深く考えることは価値あることである。領域主権と厳格に引かれた国境というウェストファリアの諸原則は、現実の上では決して絶対的なものではなかったが、世界の政治的分割に関する支配的な思考様式であったし、現在も大体がそうである。

しかし、グローバル化のプロセスを特徴付ける国際的な経済・政治・環境・文化の相互連結性は、こうしたパラダイムの基礎を揺るがしているように思われる。グローバル化が「フラットな世界」を生み出し、あるいは場所によって境界付けられた世界を、フローの世界やネットワークに徐々に置き換えていると考える人もいる。他方で、そうした劇的な予測を信用せず、その代わりとして、伝統的な国民国家が予測可能な将来にとって、国内的にも国際的にも支配的なアクターのままであり続けるだろうと主張する人もいるのである。

本書での見方からすれば、現実はどちらの見解を取るよりも複雑である。われわれは、今日、境界に関連する矛盾する傾向を目の当たりにしているのであり、これからも目撃し続けるはずである。現代の出来事から読み取れることは、以下のことである。境界が本来静態的であるか、あるいはそうした在り方が完全に覆されるということではなく、現代世界における領域的前提や境界の役割は過渡期にあり、再び問われているということである。実際には、そうした時期は、明らかな前例をもっている。西ヨーロッパにおける領域的な国民国家の初期形成の端緒となったのは、新しい形態の社会経済的組織の出現であった。このモデルは、植民地主義を通じて輸出され、他の地域において一般的に支配的であった領域と境界の比較的柔軟な概念に徐々に取って代わったのである。

われわれは、現在、二〇世紀初めにおける社会経済的組織や活動の新しい様態、およびアイデンティティが出現したときと同様の過渡期を経験しているように思われる。しかし、結果的に、完全な脱領域化や境界の除去へとは、ほぼ確実に向かわないだろう。いかなる脱領域化も何らかのタイプの広範囲にわたる再領域化と一致するはずである。このことは、形態、機能、およびスケールが以前の構造とは異なるであろうが、それらに対応した再境界付けのプロセスを必要とするだろう。決して不変ではない領域性は、人間の活動と組織において影響力をもち続けているし、ボーダーレスな世界に向かう永続的な脱領域化という展望それ自体は、まずありそうにないのである。

では、このような新しい領域化はどのような様相をもっているのだろうか。境界が、ある人々、ある制度、あるいはある運動にとってはより開放的でありながらも、それらに対応する他のものにとってはより閉鎖的になっていることを考えれば、われわれは、中世ヨーロッパや植民地主義以前の非ヨーロッパ地域を特徴付ける、より柔軟で変化しやすい領域的ネットワークの出現、あるいはもしかすると再出現を目撃しているのかどうかについて熟考する価値がある。このことは、重複し、偶発的で、柔軟な政治権力の階層関係によって特徴付けられた領域性の様態を暗示している。地方の政府、先住民、あるいはディアスポラの共同体のような国家より下位レベルにある集団ばかりではなく、国際企業、超国家的組織、およびＮＧＯの増大する規模と影響力すべてが、絶対的な国家の領域主権という概念に疑問を投げかけているのである。段階付けられた主権／市民権を制度化する国家の政策や、ネオリベラルな経済空間の拡散と結び付いたそのような傾向は、「新しい封建的な(neofeudal)」社会政治的ネットワークの出現を示唆しているのであろうし、そこでは、特定の階級や制度は広範な特権を獲得する一方で、その他は大いなる差別や規制に直面することになるのである。

空間性が変化するこうした時期には、境界は、多面的で矛盾する役割を具現化する。もしかすると、われわれは現在、歴史上のいかなる時点よりも様々な挑戦に直面しているのかもしれない。その挑戦とは、領域、帰属、およびガバナンスのもつ可搬《トランスポータブル》的で多様な性質と、われわれの境界付けられた世界の現実をいかに調和させるのかというものである。要するに、境界は依然として重要であるし、グローバルな政治、経済、文化、および環境上の争点において(これからも)大きな役割を担い続けるだろう。

本書の中で示してきたことは、境界が人間の経験の中心的な構成要素であったし、現在もそうであり、近い将来もそうあり続けるということである。こうした事実を反映して、小説、短編物語、自伝、および演劇を提供する豊かな文芸作品の一分野が近年生み出されてきており、それらの中では、境界空間の中で個人や共同体に影響を与える複雑な文化的信仰、歴史、および実体的な状況が探究されてきている。こうした作品は、不法な越境、土地の権利に対する先住民闘争、および近隣諸国間の深化する相互依存に関するアカデミックな言説を増やす上で、とりわけ有益である。こうした著作家は、境界での生活の質感を説明することによって、行動することと行動しないことの双方の現実に対して、政策決定者と幅広い世論が敏感になってもらえるように試みているのである。

空間を区切ることは、人間という存在が本来もつ性質である。人間は本質的に、場所を作る存在であり、社会的、政治的、文化的、経済的、および環境的な実体、プロセス、システム、制度間にある差異を物理的にも精神的にも区切る能力を用いることによって、秩序を創出している。結果として、われわれの世界には、権限、所有権、および機会の様々な管轄範囲を区切るラインが縦横に引かれているのである。ボーダースタディーズ、すなわち境界研究のフィールドは、人間の社会空間組織の変容する性質に関する豊かな研究の場を提供している。もし、グローバル化のダイナミクスの渦中にあるわれわれが、行動するための個別的および集合的な能力を高めることができるのであれば、経済的、環境的、文化的、および地政学的な実践において、われわれは、どのように境界が再考され、再形成されているのかを理解することが欠かせないのである。

解説
世界を変えるボーダースタディーズ

世界はボーダーレス？

「国境もない。ただ地球があるだけ。みんながそう想えば簡単なこと」

これは忌野清志郎が、『カバーズ』（ＲＣサクセション、一九八八年）でジョン・レノンの名曲イマジンにつけた日本語詞の一部である。人工衛星から地球を見た宇宙飛行士も言う。「宇宙から見るとそこに境界はない」。

「ボーダーレス」。「国境を越える」。これは長年、私たちの未来に対する肯定的なあり方のようにイメージされてきた。だがグローバル化が進む国際社会では、国境を越えることで逆に人々を苛ませることも多い。ひとつの社会の経済破綻が瞬時に次々と他の社会の破綻へと連鎖する。インフルエンザなどのパンデミックは「ボーダーレス」に世界へと広がる。国境や国家に苛まれてきた歴史の下で暮らしてきた人類のあこがれは、それが現実の一端になり始めたとき、その新しいチャレンジに遭遇しつつある。

対照的に、国境がなくなった場所に、続々と新たな境界が現れている。一九九〇年代、冷戦終結後の旧ソ連や東欧は民主主義の「勝利」を謳歌し、自由な空間が大きく広がったかのように見えた。だがその後に私たちが見たのは、内戦、国家の解体や分離、新たな独裁国家の成立など、再び空間が囲い込まれていくプロセスであった。

「ボーダーレス」はゴールではない。それが必ずしも私たちが夢想する「素晴らしき社会」ではないと言うのみならず、「ボーダーレス」が再び「ボーダーフル」な社会に戻りうるという二重の意味でそうなのだ。だが事態はもっと複雑である。ＥＵのようにひとつの「ボーダーレス」な空間の誕生は、その空間の外に、例えば、シェンゲン協定で排除される外国人のような新たな「ボーダー（境界）」を同時に創出する。いわば、「ボーダーレス」と「ボーダーフル」は世界において、クロノロジカルに逆転するだけではなく、ひとつの地域でも同時並行的に起こりうる、ましてや地域が異なれば、様々な形で進行する現象である。

私たちが取り組んでいる、「境界研究（ボーダースタディーズ）」は、このような社会や国家の複雑な現象を、様々な学問ディシプリンを用いて、複合的に分析する野心的な学問である。そこで共有されている分析ツールのひとつは、これらの諸現象を、border(ing)というキーワードでまとめ、de-border(ing)、re-border(ing)、trans-border(ing)というコンセプトで枠付けする。様態は様々であるが、境界現象は世界の地域を越えてあらゆる空間で見られるため、地域横断的な分析ができる。境界研究が地域研究の蛸壺状況を超え、単に地域知の並行的な集積にとどまらず、地域研究を総合できる可能性をもつところにこの学問のダイナミズムと魅力がある。

またこの学問は、政治地理学や国際法学をベースに生まれたが、とくに前者の変化とともに、クラシックな地政学から、クリティカルな地政学、ポストモダンや構築主義的なものへと発展した。そのプロセスで、社会学、人類学、政治学、経済学、国際関係学、文化研究、文学、言語学など様々な領域を巻き込んでいく。後述するように、欧米から生まれた境界研究は、近年、地域を越えて発展し、「ルネッサンス」(David Newman)を迎えている。本書『境界から世界を見る――ボーダースタディーズ入門』が権威あるオックスフォード大学のA Very Short Introductionシリーズの一冊として刊行されることは境界研究が学問領域として認知されたことを意味する。この意味で、本書の翻訳が岩波書店から刊行されることを、日本においてこの学問に関わってきたものとして心より祝いたい。

事例と理論を切り結ぶ

本書が十分に伝えきっていない境界研究の意義と射程についてここで補足しておこう。世界の境界現象を扱うためには、まず地域研究の様々な成果が前提となる。しかしながら、地域研究それ自体は経験的で微細なものが多い。従って、地域を越えた事例はおろか、同じ地域であってもしばしば個々の研究を結び付け、全体像を再構成するのは難しい。先に述べた研究の蛸壺化は、実は近接する研究対象でもよく見られる。およそ学問が専門性とオリジナルな成果を追求する志向を運命づけられているかぎり、この傾向そのものを批判することはできない。それゆえ、問題はそのような様々な事例研究の集積を意味づける理論的作業が重要になる。

欧米の境界研究は、自地域の数多くの事例を集積したにもかかわらず、基本的なコンセプトを超えた理論的営みを生み出せないでいた反省から、もはや事例研究は不要といった極端な議論を生み出しつつある。私は、確かに事例の集積がそのまま理論形成につながらないことには賛同する。とはいえ、欧米の知見や理論は、アジアやユーラシアがいまだにハードでフィジカルな境界現象に苦闘していることを看過しており、境界は人間の頭が生み出した産物だから自由に作りかえることができる、といった類いのポストモダンの論議を聞くと(そしてそれが欧米で主流だったりすると)ファンタスティックだなといつも感じる。ポストモダンな境界研究の主導的存在であるA・パッシ(Ansi Passi)に、中東でパレスチナ問題に日々向き合っている研究者が、激しくかみつくさまを見たとき、私は、その質問の背景がすぐに理解できた。他方で欧州の研究者たちの多数はその批判をすぐには呑み込めていないように見えた。

境界研究の現状に必要なことは、第一に、アジアやアフリカなど世界中の様々な事例をもっと集めること、第二に、欧米の議論を例えばユーラシアの現実に合わないなどと切り捨てず、欧米の理論を共有しながら、それを作り直していくインタラクションを高めていくことだろう。私自身、様々な場で、ウクライナとロシアの最近の事態を引きながら、ポストモダンの研究者に対して、結局、これは民族自決と領土保全というクラシックな国際法原則のぶつかり合いであり、ポストモダンの境界研究はこういう危機に無力だと挑発する一方で、日本の同僚たちには欧米の理論や研究蓄積を学ぶことをエンカレッジしている。本書を読者に勧めるのも、この後者の観点からである。

欧米の理論的成果をどのようにアジアやユーラシアに結び付けたらいいのだろうか。例えば、「タイムライン」という考え方を使ってみる。米墨国境ではメキシコからの移民問題や麻薬密輸などが主な課題であり、いまだ境界が決まっていないユーラシアのそれとは無縁のように見える。だがこう考えたらどうか。米墨国境の画定は前世紀の問題であるが、今は国境管理をどうするかの次元が焦点となっている。中国とロシアの国境は画定が終わったばかりで、まさに移民や環境など管理の問題へと段階が移行した。北米の経験は中露にも役立つだろう。もちろん、境界が消滅し(de-bordering)、統合へと進んでEUの境界管理のあり方をさらなる将来の姿として見出すこともできる。ただタイムラインは「ボーダーレス」から「ボーダーフル」へと回帰することもありうるから、管理段階の国境が画定以前(つまり、再紛争化による re-bordering)にもどる可能性も否定できない。

「透過性(permeability)」のコンセプトも比較や理論形成に使える。米墨国境は一般に米国からは浸透性が高く(入りやすく)、逆は難しい。さらにこの国境は人を国籍で選別する。つまり、メキシコから入る場合も、一般の市民はなかなか国境を越えられない。EUや日本の国境を透過性から考えてみれば、シェンゲンの境界は日本人や米国人は通しても、中国人やインド人には立ちはだかる。私たちはあまり意識しないが、日本の国境もかなり外国人を選別している。人だけではなく、モノもそうだ。出入りに応じて、また品目においてモノもまたフィルタリングされる。面白いのは、北方領土をめぐる境界である。日本国籍者は閣議了解により、ビザをとっての北方領土入域を自粛するよう要請されている(つまり、普通は入れない)。だが、「パスポート・ビザなし」の枠組みを使えば入域ができる。これは公式には国境を越えていないことになっている。だがラインを越えるときには、税関申告が必要だ。例えば、根室の港に入る際、みなし税関として、日本の申告書を要求される。つまり、モノの国境は確実に根室と北方領土の間に存在している。透過性の議論を使えば、ここには人は通すがモノを自由に通さないフィルターがある。機能に着目することで、世界の境界比較が自由にできる、ほんの一例にすぎない。

私はこのようなアジア・ユーラシアの事例と欧米の理論を接合させ、それを発展させた理論的研究を今、進めている。読者にとって、それが本書の続編(応用編)になれば本望だ。

世界のコミュニティ形成

ここで、境界研究のコミュニティ形成を振り返っておきたい。それは米国の米墨国境地域研究として始まった。テキサス、アリゾナ、ニューメキシコなどの研究者を糾合して始まった研究会は、境界・国境地域研究学会(ABS:Association for Borderlands Studies)の設立へと至る(一九七六年)。その後、米加国境地域研究者の参加により、西部を中心にしながらも米国で存在感のある組織へと成長する。今では米国西部の社会科学学会(WSSA:Western Social Science Association)のなかで最も大きな勢力となり、毎年四月に定例大会が実施されているが、北米国境の通関管理や行政的問題からヒスパニックのアイデンティティや表象など多岐にわたる研究成果が、学会誌*Journal of Borderlands Studies*(JBS)を中心に発信されてきた。とくに米墨国境地域を類型化して、四段階(軍事化、共存、相互作用、統合)のプロセスを析出したO・マルチネス(Oscar Martinez)のモデルが有名だ。カナダの研究者の参画により、理論志向が強まり、E・ブルネイ=ジェイ(Emmanuel Brunet-Jailly)の経済要因を入れたモデル、V・コンラッド(Victor Konrad)とH・ニコル(Heather Nicol)の文化ファクターを入れたモデルなどが相次いで生み出され、これらが欧州の研究者たちに関心を持たれるきっかけのひとつとなった。

欧州では、帝国や植民地の遺産から世界の国境画定問題を扱う、古典的な境界研究が柱のひとつとなった。一九八九年に設立された英国ダラム大学の国際国境画定ユニット(IBRU:International

Boundaries Research Unit）は、地理学と国際法学の知見をもとに世界中の陸、川、海などの境界設定の事例研究を行い、世界の外交官や実務者を糾合する組織として著名である。国境画定から管理へ向かうプロセスを段階によって整理したS・ジョーンズ（Stephen Jones）の *Boundary-Making: A Handbook for Statesmen, Treaty Editors and Boundary Commissioners*, 1945 をベースに、紛争の解決や実態としての国境問題のマネージを様々な角度から提言しており、そのなかには日本が抱える三つの領土問題も含まれている。

IBRUがいわゆるハードな境界研究の中心のひとつだとすれば、東欧変動やソ連解体は境界研究の新たな潮流をベルリンから生み出した。ドイツと米国で活躍していたJ・スコット（James W. Scott）、サンディエゴのP・ギャンサー（Paul Ganster）らがフィンランドを始め欧州の研究者たちとともに立ち上げたフォーラム、「移行期の境界地域（BRIT：Border Regions in Transition）」がそれだ。一九九四年のベルリン会議を皮切りに、このフォーラムは、参加者のなかから募って次回の会議を組織させる、会議は原則として二つの国境地域をまたいで行い、会議の中日に国境越えのフィールドワークを入れるといった、地理学の巡検を取り入れたユニークなスタイルで発展する。とくに二〇〇八年の第九回大会をABS事務局長（当時）であったブルネイ＝ジェイが米加国境地域で組織したことで、ABSとの接点が拡大する。

北米と欧州の研究者の交流が始まり、二〇〇四年からはヨーロッパでABSの集会が二年おきに開かれるようになり、ベルファスト（アイルランド）、ベリヤ（ギリシャ）、リスボン（ポルトガル）などで一〇〇人程度の規模で定着していった。その延長上に、二〇一四年六月にABS初となる世界大会が、事務局を誘致したばかりの東フィンランド大学のイニシャティブでヨエンスーとサンクト・ペテルブルグを結び実現した。この大会ではアフリカの境界研究を主導するグループ（ＡＢＯＲＮＥ：African Borderlands Research Network）も参加したが、ＡＢＳはアジアでのプレゼンスも急速に高めつつある。

他方でＢＲＩＴも第一〇回を南米で開催した後、第一一回のスイス・フランス大会では史上最多三〇〇名の参加を記録し、これに続く第一二回大会は福岡・釜山で東アジア初の大会として開催され（フィールドワークはＪＲ九州高速船「ビートル」のチャーターによる対馬縦走）、四〇カ国という参加規模は過去最大のスケールとなり、アジアと欧米の境界研究が切り結ぶ場を誕生させた。二〇一四年一一月には第一四回大会がベルギー・フランスで開催され（一三回は欠番）、次はロシア極東や南スウェーデンへの誘致が議題に上がっている。ＡＢＳとＢＲＩＴは世界のボーダースタディーズの牽引車となっている。

日本における挑戦

日本での境界研究の端緒は、二〇〇九年からの北海道大学のグローバルＣＯＥプログラム「境界研究の拠点形成――スラブ・ユーラシアと世界」の採択であった。ある意味で、ＢＲＩＴの誕生と同じく、ソ連解体により研究対象のアイデンティティを問い直さざるを得なくなった（今日で言う）スラブ・ユーラシア研究の領域からそれは始まる。北海道大学スラブ研究センター（当時）の二一世紀ＣＯＥプロジェクト「スラブ・ユーラシア学の構築――中域圏と地球化」（代表：家田修）により、旧ソ連・東欧空間と隣接地域の相互作用や比較を意識した研究体制が組まれ、これは新学術領域研究「ユーラシア地域大国の比較」(代表：田畑伸一郎)に継承され、大陸としてのユーラシア全体をカバーしつつ、ロシアのみならず、中国やインドといった国家の比較と関係を包摂するダイナミックなものへと発展する。

それと同時に、大陸や地域を越えた相関と比較のなかで境界の意味が再発見され、欧米の境界研究の蓄積を参照しながら、ソフトとフィジカルな境界をつなぐ様々な論議が生まれてきた。「境界研究の拠点形成」はスラブ・ユーラシア学の知見をもとに、境界の観点からこれを再構成するとともに、社会科学のみならず、人文社会系の文学や美術など表象にかかわる研究との連関を重視し、博物館での展示や映像制作など世界的にも斬新なアプローチを境界研究に持ち込んだ。さらに日本の地理的特性をベースにした島嶼研究や海域境界論の意味とその成果を世界のコミュニティに伝え、スラブ研究センターのこれまでのリソースを用いて、ロシア、中央アジア、中国、インドなどユーラシアの広大な空間で、欧米の研究者たちがカバーし得なかった様々な領域の研究成果や研究者をこれに接合したことで、日本が主導する研究の場が世界のコミュニティの方向性にインパクトを与えた。これらの諸活動は、グローバルCOEプログラムが終了した後も、北海道大学スラブ・ユーラシア研究センター(二〇一四年四月に改称)の境界研究ユニット(UBRJ：Eurasia Unit for Border Research, Japan)が学術誌『境界研究』と*Eurasia Border Review*(EBR)を継承し、新たな取り組みを始めている。

最後に付言すれば、境界研究とは決して、机上にとどまる学問ではない。世界のコミュニティはそれぞれに政策立案者や地域の行政実務家と協働しているが、日本においてもそうである。国際関係の次元で言えば、国境問題をどのように解決するか、社会の次元で言えば、国境地域とそこに暮らす人々と一緒にいかに地域を振興していくか、これらの具体的な課題について取り組むミッションを私たちは背負っている。日本の研究活動はそのなかでも世界の先端の一翼を担っている。二〇一一年からは領土問題や様々な国境地域のチャレンジを乗り越える具体的な提言を行う組織として、対馬、与那国、根室、小笠原など地方自治体と大学研究機関、地域シンクタンクをメンバーとした境界地域研究ネットワークJAPAN(JIBSN)が始動し、二〇一四年には民間の力を結集した特定非営利活動法人国境地域研究センター(JCBS)も設立された。研究、行政、民間の三つの輪が現場を軸に回る体制がここまでできているのは我が国だけであると言っても過言でない。

本書を手にした方が、一人でも多く、境界の織りなす世界に興味をもっていただき、私たちの研究や実践の世界へと合流していただければ望外の喜びである。

二〇一五年二月

北海道大学スラブ・ユーラシア研究センター境界研究ユニット代表

二〇一五年度　境界・国境地域研究学会(ABS)会長

岩下明裕

訳者あとがき

本書は、*Borders: A Very Short Introduction*（Oxford University Press, 2012）の全訳であり、欧米を中心に発展してきた「境界研究（ボーダースタディーズ）」の簡潔かつ明快な入門書である。近年の日本における、「領土ナショナリズム」に基づく国境・領土問題をめぐる議論の噴出や様々な言説の流布を鑑みるとき、また日本において境界研究についての定見や論壇が十分に存在しないことを考慮すると、この時期に本書を翻訳する意義が十分にあると考えた次第である。

本書はいわば境界研究全般にわたる基本的知識、境界概念の歴史的展開、その議論の枠組みを平易な言葉で論じており、「境界」をキー概念として社会的に構築される多面的な現象の様相を明らかにしている。そして、本書は学生、人文・社会系の大学院生、とくにこれまで境界研究に馴染みのなかった研究者群、国境政策にかかわる中央省庁の実務者、離島から構成される日本各地の境界自治体、さらにはこの問題に関心を寄せる一般読者など多岐にわたるニーズをもつ。

現在の世界情勢に目を転じれば、序文でも触れたように、ロシアのクリミア併合によるウクライナ危機、「イスラーム国」によるシリア・イラク情勢の緊迫化、イギリスにおけるスコットランドの独立問題などを始めとして、従来の国境線を引き直そうとする様々な動きが活発化している。本書の中でも言及があるように、過去の戦争の帰結やヨーロッパの植民地主義を通じて人工的に画定された国境線は、ポスト冷戦期以降の新しい国際秩序を模索する動きの中で、改めて審判に付され、テロリズムを含む様々な形での独立・分離を求める民族主義的なアイデンティティによって新たに引き直されているかのようである。また、グローバル・イシューに関して言えば、西アフリカで猛威をふるうエボラ出血熱に代表される感染症の蔓延は、国境を越える脅威になり、主権国家の枠組みでは到底対処できない深刻な危機へと化している。

一九九〇年代以降、「ボーダーレスな世界」が到来するという大前研一らによるハイパー・グローバリストの主張は、経済的グローバル化が政治的境界の溶融に帰結していくというものであった。他方で、現在の国際情勢や9・11テロ以後の国境安全保障を強化しようとする国際社会の政策的兆候を見れば、「ボーダーレスな世界」の到来は、将来的な見通しとしてはあまりにリアリティーがない。こうした状況を踏まえれば、われわれには、国境の機能的役割が変容しながら「脱領域化(de-territorialization)」と「再領域化(re-territorialization)」が同時進行する「ボーダーフルな世界」(本書で言う「境界に満ちた将来」)が今後も待ち受けていると描写したほうが適切なのかもしれない。

＊

アレクサンダー・ディーナーは、一九九一年にペパーダイン大学を卒業後、一九九四年にシカゴ大学で国際関係論の修士号、翌年にはサウスカロライナ大学で政治地理学の修士号を境界研究の権威であるジュリアン・ミンギ(Julian Minghi)教授の下で取得している。そして、二〇〇三年に、ウィスコンシン大学マディソン校から地理学の博士号を授与され、母校のペパーダイン大学を皮切りに教壇に立ち、二〇一二年よりカンザス大学地理学部で准教授を務めている。専門領域は、政治地理学や国際関係論であり、対象地域は、ロシア、カザフスタンを中心とした中央アジア地域、モンゴルなどである。ジョシュア・ヘーガンは、北アイオワ大学で地理学と政治学を修め、ウィスコンシン大学マディソン校で修士号と博士号を取得している。二〇〇三年より、アメリカのウエストバージニア州にあるマーシャル大学で教授を務めている。専門領域は、境界研究のみならず、国家建設や民族主義運動における歴史的保存や都市計画である。ウィスコンシン大学マディソン校で学んだ二人は、共編者として、本書の他に、*From Socialist to Post-Socialist Cities: Narrating the Nation through Urban Space, Nationalities Papers*（Special Issue vol. 4 no. 4, 2013）および *Borderlines and Borderlands: Political Oddities at the Edge of the Nation State*（Rowman & Littlefield Publishers, 2010）がある。

本書の翻訳に際しては、日本語としての平易な表現になるように努めた。英語の単語をそのまま日本語に置き換えるようなことを極力避け、ひとつの文章を複数に分解したり、意味が通じやすくなるように前後関係を逆にした箇所もある。文章中の訳注は〔　〕で補足し、文章の前後関係を理解しやすくするために（　）で接続詞や説明書きを挿入した箇所もある。そして、原文中の強調を表すイタリックには、傍点を付した。また、境界研究のさらなる理解を深めてもらうために、原著者による「文献案内」および「関連ウェブサイト」を訳者が大幅に拡充した。訳語に関しては、原著者との何回かのメールでのやり取りと、解説を執筆していただいた岩下明裕教授との協議の上で確定したが、言うまでもなく、本書の翻訳の最終的な責任は川久保にある。

本書全体を通じた重要な訳語についていくつか述べておきたい。本書における border は、基本的には「境界」と訳したが、state border、international border、および external border は、主権国家間の境界という意味で「国境」と訳した（ただし、state border は、アメリカ国内の文脈で用いている場合は、当然のことながら、州境と訳した）。境界と国境という両方の意味で捉えたほうが良いと思われる文脈においては、「境界、とくに国境」あるいは「国境を含む境界」という表現などによって補った。章題においては、文脈的に「国境」という訳語が適切な場合でも、本書全体を通じての統一性や読み易さを考慮して、「境界」とした。border および boundary の訳語に関しては、ある実体（国家）を他のもの（国家）と隔てる境界（国境）とし、後者は実際の境界を画定する標識やラインのことを意味する境界線や国境線のほうが適切かとも思われたが、原著者に照会したところ、本書では「互換的に（interchangeably）」用いているとのことであったので、日本語としての読み易さも考え、「境界」と統一した。また、「互換的に」用いられている用語として、crossborder と transborder（transboundary）があり、本書では両方とも「国境を越えた」と訳出した。また、borderland、border region、border area の訳語に関しても、「境界あるいは国境に接する周辺地域」を意味する「境界地域」、もしくは「国境地域」と訳した。これも重要な訳語のひとつであった territory には、基本的には「領域」をあてた。これは、第一に陸域、海域、空域の三次元から構成される「領域」が「領土」を含みこむという意味で包括的であるということ、第二に近代の国家システムが形成される以前の歴史的文脈や、国家主権の及ぶ管轄範囲外のものを意味する場合には「領域」が適切だと思われるからである。しかしながら、領土問題などの文脈で用いられている場合や、国連憲章にある「領土保全（territorial integrity)」のように定訳がある場合には、「領土」と訳した。

＊

本書の概要は以下のとおりである。第1章「世界は境界だらけ」では、研究対象としての「境界」の重要性を、空間・場所（「人間は地理的存在」）を境界付けてきた行為が、いかに人間の活動や組織にとって本質的な構成要素であったのかを考察している。原著者の専門である政治地理学の基本的な枠組みを用いて、空間が権力の資源となり、人間が場所を作る行為（「領域性」）の意味を説明する。そして、境界が主権と結びつき、これが権力性を高めるときに国境へと変容するのであるが、著者はこの点を踏まえながら、境界研究の主要な研究領域のひとつである国境研究に肉迫する。

第2章「古代の境界と領域」および第3章「近代の国家システム」は、いわゆる主権国家形成以前から、人間の政治活動における領域性の問題とそこで派生してきた様々な境界の形成プロセスを地域と時代を超えて整理する。第2章では、前近代の社会や政治的実体が、近代以降の国家システムとは違って、「柔軟な」領域的構造をもっていたことを、狩猟採集民、古代における国家形成、遊牧民族、都市国家、帝国を事例としながら、歴史的に考察している。第3章では、ヨーロッパに起源をもつ近代国家システムの出現によって、漸進的に領域的境界が形成されてきた経緯について、植民地主義の歴史と絡めながら論じている。この章では、国家レベルの境界だけではなく、自治体やエスニック・コミュニティなどの国家より下位レベルにある境界にも考察の対象を広げている。

第2章と第3章が境界現象それ自体の分析に力点があるとすれば、第4章「境界を引く」は、分離壁や柵などによって具現化されるフィジカルな「事物」としてイメージされることの多かった伝統的な境界よりも、現代的文脈においては、境界の性質や境界付けが、時間の経過とともに変容する「プロセス」としての側面を強調する。こうした境界、とくに国境の機能的変化は、開放性(グローバル化による経済発展や貿易の促進)と閉鎖性(9・11テロ以後の政治・安全保障の強化)のロジックが同時に作用する「透過性をもつフィルターとしての国境」や、人権侵害や大量破壊兵器の拡散によって挑戦を受けている「偶発的な主権」などの新しい概念を提起している。さらには、空域、海域、および宇宙空間における境界・国境問題についても取り上げられ、国際民間航空機関(ICAO)の役割、排他的経済水域(EEZ)、海洋法に関する国際連合条約(UNCLOS)、宇宙条約(OST)などに言及しつつ、境界・国境の現代的課題に対する新しいアプローチが論じられている。境界研究の醍醐味や現代的意義をいち早く知りたい読者は、序章に次いで第4章を先に読むことをお勧めしたい。

第5章「境界を越える」と第6章「境界を越える制度とシステム」では、国境を越える現象とその主体の多様性について論じている。移民・難民、国境を越えるアイデンティティ、犯罪やテロ、観光、サイバー、環境、保健、倫理など、これまでのハードでフィジカルな境界から、ソフトでメンタルな境界へと踏み込んでいく。人間の関わる領域性と現実の生活や意識とのズレは、境界研究の複雑な学問的特質を反映していると言えるが、このソフトな境界がフィジカルな権力空間を再構成し、他方で、フィジカルな実態が人々の意識を形作るといった、相互作用が近年の境界研究の主要課題であると言えよう。

最後に、「境界に満ちた将来」と記したエピローグは、境界に関する将来のトレンドを、その困難さを意識しながらも、予測しようと試みる。ウェストファリア的な領域主権のもつ絶対性が侵食されながらも、主権や境界・国境は依然として機能していると主張する論者もいれば、こうしたパラダイム自体が揺らいでいると反論する者もいる。しかしながら、本書はどちらの主張にも与することはなく、現代の境界・国境に関する矛盾した傾向を直視し、その役割が問い直されるべき時期に来ているとする。

*

本書全体を通じて強調されるべき点は、境界研究の知見を生かしながら、境界のもつ重層的かつ複合的な側面を明らかにすることであり、グローバル化した現代世界における領域や帰属に関する流動的な性質と、境界付けられた世界の現実とを、いかに調和させていくのかという難問にわれわれは今直面しているということである。こうした観点に立てば、「エピローグ」にもあるように、境界は依然として重要なテーマであり続けるし、グローバル化した世界における政治・経済・文化・環境などの諸問題に対処する上で意味ある役割を果たし続けるであろう。

最後に、訳語に関する照会に対して丁寧な回答を寄せ、「日本語版への序文」を、領土問題に揺れるアジアの現状について、日本を取り巻く国際関係との絡みの中で書いてくれたディーナー准教授とヘーガン教授に心より感謝したい。また、ディーナー准教授と訳者は、二〇一五年四月にアメリカオレゴン州ポートランドで開催される境界・国境地域研究学会(ABS)の年次大会で共同パネルを組み、本書の意義や問題点を通じて、境界研究の方法論について議論する予定である。また、二〇一五年度にアメリカの国境地域研究学会(ABS)会長に就任し、日本を含むアジア地域における境界研究という新しいフロンティアの開拓を常に先導している岩下明裕教授には、境界研究の過去・現在・未来を俯瞰できるようなバランスの取れた解説も書いていただいた。訳文全体を通じて有益なコメントをくれた今井宏平氏(日本学術振興会特別研究員)にも感謝したい。最後に、決して計画通りに進まなかった本書の翻訳に関して、適宜アドバイスをいただいた岩波書店の伊藤耕太郎氏に心よりお礼申し上げたい。

川久保文紀

二〇一五年二月

アレクサンダー・C. ディーナー(Alexander C.Diener)
カンザス大学教授．政治地理学，国際関係論，境界研究．

ジョシュア・ヘーガン(Joshua Hagen)
マーシャル大学教授．地理学，都市計画，境界研究．

川久保文紀
1973年福島県生まれ．中央学院大学法学部教授．現代政治学，国際関係論，境界研究．論文・著書に『アントロポセン時代の国際関係』(共著，中央大学出版部，2022年)『国際関係学(第3版)』(共著，有信堂高文社，2021年)『現代地政学事典』(編集委員，丸善出版，2020年)"Privatizing Border Security: Emergence of the 'Border-Industrial Complex' and Its Implications"(*Public Voices*, Volume XVII Number 1, 2020)など．

岩下明裕
1962年熊本県生まれ．北海道大学スラブ・ユーラシア研究センター教授．国際関係論，国境学．著書に『入門　国境学』(中公新書，2016年) *Japan's Border Issues: Pitfalls and Prospects*(Routledge, 2015) *Geo-Politics in Northeast Asia*(Edited By Akihiro Iwashita, Yong-Chool Ha, Edward Boyle, Routledge, 2022)『北東アジアの地政治』(編著，北海道大学出版会，2021年)など．

境界から世界を見る―ボーダースタディーズ入門
アレクサンダー・C. ディーナー，ジョシュア・ヘーガン

2015年4月7日　第1刷発行
2022年9月5日　第2刷発行

訳　者　川久保文紀

発行者　坂本政謙

発行所　株式会社 岩波書店
〒101-8002 東京都千代田区一ツ橋2-5-5
電話案内 03-5210-4000
https://www.iwanami.co.jp/

印刷・製本　法令印刷

ISBN 978-4-00-061043-8　　Printed in Japan

索　引

さ　行

た　行

な　行

や　行

ら　行

文献案内

本書で取り上げた文献の多くは，社会科学や人文科学にまたがる様々な学術雑誌の中に収録された研究論文に依拠している．境界研究に関する優れた学術雑誌は，*Geopolitics*, *International Studies Quarterly*, *Journal of Borderlands Studies*, *Political Geography*，そして *Regional Studies* である．以下に挙げた文献リストには，決して包括的とは言えないが，境界研究における最近の重要な成果のいくつかが含まれている．これらは，境界に関する数多くの初期の業績を引用している．なお，読者におかれては，この A Very Short Introduction シリーズの他の著作である『帝国 Empire』(見市雅俊訳『帝国』岩波書店，2003年)，『地政学 Geopolitics』(野田牧人訳『地政学とは何か』NTT 出版，2012年)，『国際移民 International Migration』，そして『ナショナリズム Nationalism』も参照されたい．

Agnew, John. *Globalization and Sovereignty*. Lanham, MD: Rowman and Littlefield, 2009.

Alcock, Susan, Terence N. D'Altroy, Kathleen D. Morrison, and Carla M. Sinopoli, eds. *Empires: Perspectives from Archaeology and History*. Cambridge: Cambridge University Press, 2001.

Anderson, Malcolm. *Frontiers: Territory and State Formation in the Modern World*. Cambridge, UK: Polity, 1996.

Arts, Bas, Arnoud Lagendijk, and Henk van Houtum, eds. *The Disoriented State: Shifts in Governmentality, Territoriality and Governance*. Dordrecht: Springer 2009.

Bayly, C. A. *The Birth of the Modern World, 1780–1914: Global Connections and Comparisons*. Malden: Blackwell, 2004.

Brunet-Jailly, Emmanuel. *Borderlands: Comparing Border Security in North America and Europe*. Ottawa: University of Ottawa Press, 2007.

Buchanan, Allen, and Margaret Moore, eds. *States, Nations, and Borders: The Ethics of Making Boundaries*. Cambridge: Cambridge University Press, 2003.

Butlin, Robin. *Geographies of Empire: European Empires and Colonies, c.1880–1960*. Cambridge: Cambridge University Press, 2009.

Cerny, Philip. *Rethinking World Politics: A Theory of Transnational Neopluralism*. Oxford: Oxford University Press, 2010.

De Blij, Harm. *The Power of Place: Geography, Destiny, and Globalization's Rough Landscape*. Oxford: Oxford University Press, 2009.

Diener, Alexander C., and Joshua Hagen, eds. *Borderlines and Borderlands: Political Oddities at the Edge of the Nation State*. Lanham, MD: Rowman and Littlefield, 2010.

Elden, Stuart. *Terror and Territory: The Spatial Extent of Sovereignty*. Minneapolis: University of Minnesota Press, 2009.

Fichtelberg, Aaron. *Crime Without Borders: An Introduction to International Criminal Justice*. Upper Saddle River, NJ: Pearson, 2008.

Friedman, Thomas. *The World is Flat: A Brief History of the Twenty-first Century*. New York: Farrar, Straus and Giroux, 2005.（トーマス・フリードマン〔伏見威蕃訳〕『フラット化する世界〔上・下〕』日本経済新聞社，2006 年．日本語版は 2006 年に出版された増補版の翻訳である）

Ganster, Paul, and David E. Lorey, eds. *Borders and Border Politics in a Globalizing World*. Lanham, MD: SR Books, 2005.

Gavrilis, George. *The Dynamics of Interstate Boundaries*. Cambridge: Cambridge University Press, 2008.

Goldsmith, Jack, and Tim Wu. *Who Controls the Internet? Illusions of a Borderless World*. New York: Oxford University Press, 2006.

Hastings, Donnan, and Thomas Wilson. *Borders: Frontiers of Identity, Nation and State*. Oxford: Berg, 1999.

Houtum, Henk van, Olivier Kramsch, and Wolfgang Zierhofer, eds. *B/Ordering Space*. Aldershot: Ashgate, 2005.

Kolers, Avery. *Land, Conflict, and Justice: A Political Theory of Territory*. Cambridge: Cambridge University Press, 2009.

Kütting, Gabriela. *The Global Political Economy of the Environment and Tourism*. Basingstoke: Palgrave Macmillan, 2010.

Levitt, Peggy. *The Transnational Villagers*. Berkeley: University of California Press, 2001.

Mann, Michael. *The Sources of Social Power: A History of Power from the Beginning to A.D. 1760*. Cambridge: Cambridge University Press, 1986.（マイケル・マン〔森本醇・君塚直隆訳〕『ソーシャルパワー I 』NTT 出版，2002 年，

および同『ソーシャルパワーⅡ〔上・下〕』NTT 出版，2005 年）
Migdal, Joel, ed. *Boundaries and Belonging: States and Societies in the Struggle to Shape Identities and Local Practices*. Cambridge: Cambridge University Press, 2004.
Morris, Ian, and Walter Scheidel, eds. *The Dynamics of Ancient Empires: State Power from Assyria to Byzantium*. Oxford: Oxford University Press, 2009.
Newman, David, ed. *Boundaries, Territory, and Postmodernity*. London: Frank Cass, 1999.
Nicol, Heather, and Ian Townsend-Gault, eds. *Holding the Line: Borders in a Global World*. Vancouver: UBC Press, 2005.
O'Leary, Brendan, Ian S. Lustick, and Thomas Callaghy, eds. *Right-sizing the State: The Politics of Moving Borders*. Oxford: Oxford University Press, 2001.
Ong, Aihwa. *Neoliberalism as Exception: Mutations in Citizenship and Sovereignty*. Durham, NC: Duke University Press, 2006.
Pécoud, Antoine, and Paul de Guchteneire, eds. *Migration without Borders: Essays on the Free Movement of People*. New York: Berghahn Books, 2009.
Popescu, Gabriel. *Bordering and Ordering the Twenty-first Century: Understanding Borders*. Lanham, MD: Rowman and Littlefield, 2012.
Power, Daniel, and Naomi Standen, eds. *Frontiers in Question: Eurasian Borderlands, 700–1700*. New York: St. Martin's Press, 1999.
Rajaram, Prem Kumar, and Carl Grundy-Warr, eds. *Borderscapes: Hidden Geographies and Politics at Territory's Edge*. Minneapolis: University of Minnesota Press, 2007.
Robertson, Craig. *The Passport in America: The History of a Document*. New York: Oxford University Press, 2010.
Sack, Robert. *Human Territoriality: Its Theory and History*. Cambridge: Cambridge University Press, 1986.（ロバート・デヴィッド・サック〔山﨑孝史監訳〕『人間の領域性――空間を管理する戦略の理論と歴史』明石書店，2022 年）
Sadowski-Smith, Claudia. *Border Fictions: Globalization, Empire, and Writing at the Boundaries of the United States*. Charlottesville: University of Virginia Press, 2008.
Salehyan, Idean. *Rebels Without Borders: Transnational Insurgencies in World Politics*. Ithaca, NY: Cornell University Press, 2009.

Sassen, Saskia. *Territory, Authority, Rights: From Medieval to Global Assemblages*. Princeton, NJ: Princeton University Press, 2006.（サスキア・サッセン〔伊豫谷登士翁監修・伊藤茂訳〕『領土・権威・諸権利――グローバリゼーション・スタディーズの現在』明石書店，2011年）

Spruyt, Hendrik. *The Sovereign State and Its Competitors: An Analysis of Systems Change*. Princeton, NJ: Princeton University Press, 1996.

Stein, Mark. *How the States Got Their Shapes*. New York: Smithsonian Books/Collins, 2008.

Torpey, John. *The Invention of the Passport: Surveillance, Citizenship and the State*. Cambridge: Cambridge University Press, 1999.（ジョン・トーピー〔藤川隆男監訳〕『パスポートの発明』法政大学出版局，2008年）

Trigger, Bruce. *Understanding Early Civilizations: A Comparative Study*. Cambridge: Cambridge University Press, 2003.

Wastl-Walter, Doris, ed. *The Ashgate Research Companion to Border Studies*. Farnham: Ashgate, 2011.

Weaver, John. *The Great Land Rush and the Making of the Modern World, 1650–1900*. Montreal: McGill-Queen's University Press, 2003.

Winichakul, Thongchai. *Siam Mapped: A History of the Geo-Body of a Nation*. Honolulu: University of Hawaii Press, 1994.（トンチャイ・ウィニッチャクン〔石井米雄訳〕『地図がつくったタイ――国民国家誕生の歴史』明石書店，2003年）

――以下は，訳者が作成したさらに理解を深めたいひとのための文献案内である――

日本の学界の中で，初めて境界研究（ボーダースタディーズ）の動向を紹介したものとして，日本国際政治学会編（岩下明裕編集）『国際政治』（特集「ボーダースタディーズの胎動」162号，2010年）が挙げられる．境界研究の理論的支柱のひとつである政治地理学を理解するためには，山﨑孝史『政治・空間・場所――「政治の地理学」にむけて（改訂版）』（ナカニシヤ出版，2013年），山﨑孝史編集『「政治」を地理学する――政治地理学の方法論』（ナカニシヤ出版，2022年）および高木彰彦編『日本の政治地理学』（古今書院，2002年）が有益である．境界研究が知的遺産を継承している地政学の観点から，その基本的概念を学ぶ上では，コーリン・フリント（高木彰彦編訳）『現代地政学――グローバ

ル時代の新しいアプローチ』(原書房，2014年)やクラウス・ドッズ(町田敦夫訳)『新しい国境　新しい地政学』(東洋経済新報社，2021年)が参考になる．

政治学や国際関係論などの理論的な見地から，境界概念を基軸として主権や領土概念についての再検討を迫った著作として，土佐弘之『境界と暴力の政治学――安全保障国家の論理を超えて』(岩波書店，2016年)，マーガレット・ムーア(白川俊介訳)『領土の政治理論』(法政大学出版局，2020年)および押村高編『越える――境界なき政治の予兆』(風行社，2010年)が挙げられるが，より実践的な見地から日本やヨーロッパの国境管理の現場を中心として，国境政策と現代国家の関係について取り上げたものに，森千香子／エレン・ルバイ編『国境政策のパラドクス』(勁草書房，2014年)がある．国際関係論の教科書として，グローバル化と安全保障の観点から国境問題を紹介したものに，滝田賢治・大芝亮・都留康子編『国際関係学――地球社会を理解するために(第3版)』(川久保文紀執筆部分，第1章第2節「国境問題」有信堂高文社，2021年)がある．近年急速に進む国境のテクノロジー的変容に関しては，マシュー・ロンゴ(庄司克宏監訳)『国境の思想――ビッグデータ時代の主権・セキュリティ・市民』(岩波書店，2020年)が参考になる．

日本の国境・領土問題に潜む陥穽について，国境の現場である日本の境界地域の実態に即して多角的に論じたものとしては，岩下明裕編『領土という病――国境ナショナリズムへの処方箋』(北海道大学出版会，2014年)，岩下明裕・木山克彦編『図説　ユーラシアと日本の国境――ボーダー・ミュージアム』(北海道大学出版会，2014年)，岩下明裕編『別冊　環――日本の「国境問題」』(藤原書店，2012年)，岩下明裕編『日本の国境・いかにこの「呪縛」を解くか』(第24回地方出版文化功労賞，北海道大学出版会，2010年)がある．また，国際法の立場から，日本の領土の帰属問題に関して，交渉史を通じて丹念に追った著作として，芹田健太郎『日本の領土』(中央公論新社，2010年)がある．

最近になって，地方メディアや地方の研究機関が主体となって，日本が抱える領土的対立の歴史的背景や解決策について克明に探る著作が，相次いで刊行された．琉球新報・山陰中央新報『環《めぐ》りの海――竹島と尖閣　国境地域からの問い』(2013年度新聞協会賞受賞，岩波書店，2015年)，本田良一『日ロ現場史　北方領土――終わらない戦後』(2013年度新聞協会賞受賞，北海道新聞社，2013年)，沖縄大学地域研究所編『尖閣諸島と沖縄――時代に翻弄される島の歴史と自然』(芙蓉書房出版，2013年)．また，日本漁業と漁民の視点から領土問題にアプローチする力作として，濱田武士・佐々木貴文『漁業と国境』(みす

ず書房，2020 年)がある．

生きた境界研究を学ぶ最適な視聴覚教材として，2014 年 3 月に終了した北海道大学グローバル COE プログラム「境界研究の拠点形成——スラブ・ユーラシアと世界」では，映像と音声で日本の国境地域にリアルに迫る「知られざる国境」シリーズ DVD を多数リリースしている(HBC フレックス制作)．

最後に，英語文献ではあるが，境界研究の手引きの決定版として，Thomas M. Wilson and Hastings Donnan (eds.), *A Companion to Border Studies*, Wiley-Blackwell, 2012 を挙げておく．

関連ウェブサイト(順不同)

Association for Borderlands Studies(ABS)
▸http://absborderlands.org/
1976年に米墨国境の研究者たちが創設した世界で最も伝統ある境界・国境地域研究学会．現在は，ヨーロッパ，アジア，アフリカにまで地域研究のウイングを広げ，研究者ばかりではなく政府関係者やNGO構成員などの学会員も多数含まれる．毎年4月に開催される年次大会は，アメリカ西部社会科学学会(WSSA)との共催で行われ，日本からも多数の研究者が参加している．ABSの査読誌である*Journal of Borderlands Studies*の26巻3号(2011年)は日本の国境問題の特集を組んでいる．

Border Regions in Transition(BRIT)
この「移行期の境界地域」は，常設的な事務局組織をもたない，世界中の境界・国境研究者が自発的につながる研究ネットワークのことである．大会の特徴としては，2つの異なる国境の都市で開催され，その地域を越えるフィールドトリップを行うことが挙げられる．第1回目は，1994年にドイツ・ポーランドで開催され，2012年の第12回福岡・釜山大会(北海道大学グローバルCOE「境界研究の拠点形成」が中心となり，九州大学や韓国・東西大学校などとの共催)は，BRIT初の東アジア地域での開催となり，日本を含むアジア・ユーラシア地域の多数の参加があった．

Borderbase
▸http://www.nicolette.dk/borderbase/index.php
陸域を中心とした国境のデータベース．係争中の領土・国境問題に関する最新の情報がアップされている．

Centre for International Borders Research, Queen's University Belfast (CIBR)
▸http://www.qub.ac.uk/research-centres/CentreforInternationalBordersResearch/
北アイルランドの首都ベルファストにあるクイーンズ大学ベルファストに設立された国境共同研究機関である．2004年から2006年にかけて行われた“mapping frontiers project”と呼ばれるプロジェクトでは，朝鮮半島，ドイツ，

キプロス，アルザス・ロレーヌなどの分断された空間および比較国境に関する共同研究が行われた．なお，ABSとの共同で，世界の国境や国境地域に関する文献目録を作成している．

International Boundaries Research Unit, Durham University（IBRU）
▸https://www.dur.ac.uk/ibru/
1989年にイギリスのダーラム大学地理学部に創設された国境画定・紛争解決に関する研究センターである．2014年には創設25周年を記念して国境研究センター（CBR: Center for Border Research）が作られた．近年は，政治地理学や国際法を中心とした学際的な知見を生かして，世界の海域をめぐる境界画定・紛争解決や国際河川の境界画定・管理などに関する実務家を養成するために，Training Workshopを開催している．

Karelian Institute, University of Eastern Finland
▸http://www.uef.fi/en/ktl/etusivu
1971年に設置されたこの研究所は，フィンランド南東部とロシア北西部の境界・国境地域の学際的な研究拠点である．第1回のABS世界大会を組織し，ヨーロッパにおける境界研究をリードしている．

Nijmegen Centre for Border Research, Radboud University Nijmegen（NCBR）
オランダのナイメーヘンにあるラドバウド大学内に1998年に設置された国境研究機関である．ポスト冷戦期の境界・国境の変容に関する研究ネットワークであるEUBORDERSCAPEに所属している．

Border Policy Research Institute（BPRI）
▸http://www.wwu.edu/bpri/
米国のワシントン州にある西ワシントン大学に設置された米加国境に関する研究機関である．BPRIは，バンクーバー・シアトル国境に地理的に近い場所に位置しており，米加国境における運輸・交通，環境，貿易，安全保障などの諸領域についての包括的な研究活動を行っている．

Cross-Border Institute, University of Windsor
▸http://www1.uwindsor.ca/crossborder/
この研究機関は，2008 年にカナダのオンタリオ州にあるウインザー大学に設置された．米加間の貿易量の 4 分の 1 を占めるウインザー－デトロイト国境の近くに位置するこの研究機関は，米加両国間での貿易を促進するための交通・運輸システムはどのように構築されるべきかについての実務的な政策研究・提言を行っている．

Trans-Border Institute, University of San Diego
▸http://www.sandiego.edu/peacestudies/institutes/tbi/index.php
米国のサンディエゴ大学平和研究大学院に設置されたアメリカ，メキシコ，中米の国境を渡る移民・難民の人権や深刻化する麻薬問題などに関して，政策分析・提言を行う研究機関である．

Borders in Globalization Project（BIG）, Center for Global Studies, University of Victoria
▸http://communications.uvic.ca/releases/release.php?display=release&id=1381
カナダのビクトリア大学が主導して 2013 年に開始された国際的な境界・国境研究プロジェクトである．国境学・境界研究の権威であるエマニュエル・ブルネイ＝ジェイ（ビクトリア大学）やビクター・コンラッド（カールトン大学）が中心となって組織され，アメリカやカナダばかりではなく，ヨーロッパ，アジア，中東を含めた 23 の大学などが参加している．

Center for Regional and Transboundary Studies（CRTS），Volgograd State University
▸http://www.transbound.narod.ru/English.html
ロシアのヴォルゴグラード州立大学にある，旧ソ連邦諸国の国境地域を研究する機関．ヴォルゴグラードは，中央アジアとロシア北部，コーカサス地域とヨーロッパ，カスピ海地域などを結ぶ戦略的な要衝でもある．

African Borderlands Research Network（ABORNE）
▸http://www.aborne.org/
英国など欧州の研究者が中心になって創設したアフリカ諸国の境界・国境問題に関する研究者ネットワークである．

Asian Borderlands Research Network (ABRN)
▸http://www.asianborderlands.net/
アムステルダムの研究者らが創設した東南アジアや南アジアを中心にアジアの境界・国境に関する研究者ネットワークである.

Border Chronicle
▸https://www.theborderchronicle.com/
国境ジャーナリストであるトッド・ミラー(アリゾナ州ツーソン在住)とメリッサ・デル・ボスケ(テキサス州オースティン在住)の2人が，2021年9月に創刊した米墨国境地域の現状を多角的に伝えるウェブ・ジャーナルである．国境地域の住民の生の声を伝えるインタビュー記事が豊富であり，毎月2回程度のペースで発信している.

School of Transborder Studies, Arizona State University
▸https://sts.asu.edu/
米墨国境地域におけるバイナショナルな諸問題を包括的に研究・教育する機関である．ボーダースタディーズに関する大学院レベルでの学位授与プログラムが充実している．ボーダースタディーズにおけるジェンダー研究の第一人者イラセマ・コロナド教授がディレクターを務めている.

北海道大学スラブ・ユーラシア研究センター
境界研究ユニット(Eurasia Unit for Border Research Japan: UBRJ)
▸http://src-h.slav.hokudai.ac.jp/ubrj/
境界研究ユニット(UBRJ)は，日本における境界・国境研究(ボーダースタディーズ)を主導し，境界・国境問題を研究する人材を育成することを目的として，2013年4月に北海道大学スラブ研究センター(2014年4月よりスラブ・ユーラシア研究センターに改称)内に設置された．和文査読雑誌『境界研究』や英文査読雑誌 *Eurasia Border Review* の発行，国内外の研究者を結集した国際シンポジウムの開催，境界地域研究ネットワーク JAPAN(JIBSN)との共催による人材育成集中講座，北海道大学総合博物館における展示などを精力的に行っている．ユニット代表は，岩下明裕北海道大学スラブ・ユーラシア研究センター教授である.

境界地域研究ネットワークJAPAN
(Japan International Border Studies Network: JIBSN)
▸http://src-hokudai-ac.jp/jibsn/
多数の離島から構成される海洋国家日本の境界・国境地域が抱える諸問題を，研究者と実務家が一体となって多角的に検討し，政策提言を行う研究ネットワークである．2011年に組織され，境界・国境地域の安定的発展のために，事業活動の内容として，(1)国内外の境界地域に関する調査および研究の企画，実施および支援，(2)境界地域の地方公共団体の交流，連携および情報発信の支援，(3)境界地域研究の成果の相互活用と共有化および公開，(4)境界地域の自立と活性化に寄与する政策提言，(5)人材育成のための連携および協力を掲げている．初代代表幹事は，外間守吉与那国町長，現在の5代目代表幹事は，前泊正人竹富町長が務めている．

特定非営利活動法人国境地域研究センター
(Japan Center for Borderlands Studies: JCBS)
▸http://borderlands.or.jp/
2014年に日本の境界・国境地域に関する諸問題への対応のために日本で初めて設立された特定非営利活動法人である．研究者や実務家のみならず，一般市民による参画を基礎とすることが大きな特徴である．初代理事長は，藪野祐三九州大学名誉教授，現在の第2代理事長は木村崇京都大学名誉教授が務めている．名古屋市に事務局を置く．2014年から以下の「ブックレット・ボーダーズ」の刊行が開始された．岩下明裕・花松泰倫編著『国境の島――対馬の観光を創る』No.1，2014年，舛田佳弘／ファベネック・ヤン著『「見えない壁」に阻まれて――根室と与那国ボーダーを考える』No.2，2015年，井澗裕編著『稚内・北航路――サハリンへのゲートウェイ』No.3，2016年，屋良朝博・野添文彬・山本章子著『日常化された境界――戦後の沖縄の記憶を旅する』No.4，2017年，田村慶子編著『マラッカ海峡――シンガポール，マレーシア，インドネシアの国境を行く』No.5，2018年，岩下明裕著『世界はボーダーフル』No.6，2019年，古川浩司・ルルケド薫編著『知っておきたいパラオ――ボーダーランズの記憶を求めて』No.7，2020年，平井一臣著『知られざる境界のしま・奄美』No.8，2021年．

※この関連ウェブサイトは，原著にある“Websites”をもとに，訳者が大幅に拡充して作成．